rowohlts monographien herausgegeben von Kurt Kusenberg

Maurice Ravel

in Selbstzeugnissen
und Bilddokumenten
dargestellt von
Vladimir Jankélévitch

bildmono
rororo
graphien

Rowohlt

Aus dem Französischen übertragen von Willi Reich
Den dokumentarischen und bibliographischen Anhang bearbeitete Paul Raabe
Umschlagentwurf Werner Rebhuhn
Herausgeber: Kurt und Beate Kusenberg
Assistenz: Erika Ahlers
Vorderseite: Maurice Ravel (Foto Lipnitzki, Paris)
Rückseite: Ravel dirigiert den «Boléro».
Skizze von Luc-Albert Moreau
(Collection Hélène Jourdan-Morhange)

Veröffentlicht im Rowohlt Taschenbuch Verlag GmbH,
Reinbek bei Hamburg, August 1958
Mit Genehmigung des Verlages Éditions du Seuil, Paris

Satz Times (Linotron 404)
Gesamtherstellung Clausen & Bosse, Leck
Printed in Germany
680-ISBN 3 499 50013 2

1.–25. Tausend August 1958
26.–30. Tausend Dezember 1980

Inhalt

Lipnitzki
Paris

Werdegang

Ich fühle sein Herz schlagen.
Maurice Ravel über einen künstlichen Buchfinken.

Die Schnelligkeit, mit der Maurice Ravel die Vollkommenheit erreicht, grenzt ans Wunderbare. So wie sein Lehrer Fauré und in gewissem Maße Chopin, ist er sogleich er selbst. Nicht als ob man in seinem Schaffen nicht auch die literarischen Eindrücke wiederfinden könnte, die er von 1890 an nach und nach empfing, und die Spur gewisser Einflüsse, denen er unterworfen war, ja sogar der Launen der Mode: gegen Ende des 19. Jahrhunderts machte sich bei ihm für kurze Zeit der Einfluß Chabriers, Saties und der Russen, ferner auch eine gewisse «fin de siècle»-Müdigkeit bemerkbar; später, in der fruchtbaren Zeit zwischen 1905 und dem Ersten Weltkrieg, war es die Rückkehr zu Couperin, nach dem Krieg waren es der Jazz, Strawinsky und die Polytonalität. Und dennoch, trotz aller ihrer Wendigkeit hat die Kunst Ravels nie die schon beinahe anomale Empfindsamkeit der Kunst Debussys; von Anfang an war es deutlich, daß dieser junge Mann eigenwilliger und weniger beeinflußbar sein würde als Debussy. Kein Einfluß kann sich schmeicheln, ihn je ganz erobert zu haben; man kann sagen, daß die neuen Stile eher handwerkliche Neugier in ihm weckten als das Bedürfnis, sie aufzunehmen, daß sie zwar seine Schreibweise beeinflußten, nicht aber seine Tonsprache; an sie erinnerte höchstens dann und wann einmal ein Akkord, ein instrumentationstechnischer Kunstgriff oder irgendeine Eigenheit der musikalischen Orthographie: denn er hatte, so wenig er auch beeinflußbar war, ein wunderbar feines Gehör und eine fast unbegrenzte Vorliebe für das Unerhörte, Kostbare und Seltene, aber dabei handelte es sich um Versuche, bei denen allein der akustische Sinn beteiligt war und nicht die geistige Empfindungswelt. Ebenso wie Debussy für die geringste Schwankung, für die flüchtigsten Veränderungen des Geschmacks empfindlich und von ihnen beeinflußbar war, so war Ravel mit unermüdlichem Eifer hinter all den Masken her, die ihm die snobistischen Launen das Jahrhunderts darboten. Er war keineswegs aus Stein. Er zeigte sich für die unmerklichsten Strömungen in der Malerei und Dichtkunst empfänglich: Symbolismus, Impressionismus, Kubismus, das russische Ballett, Mallarmé, Henri de Régnier, Fargue ... was konnte er nicht alles mit den zarten Antennen erfassen, mit denen seine Musik ausgestattet war?

Von dieser Musik muß aber auch gesagt werden, daß sie von Anfang an hellsichtig und sich ihrer eigenen Ziele klar bewußt war. Hellsichtig mehr als frühreif, denn von Ravel werden keine jener wunderbaren Anekdoten berichtet, mit denen man gewöhnlich die Legenden der Wunderkinder auszustatten pflegt. Nie hat er, wie gewisse Säuglinge der Antike, zwei Schlangen in der Wiege erwürgt noch auch als Dreijähriger ein Klavierkonzert komponiert. Er war sogar im allgemeinen ein sehr schlechter Schüler, und es ist bekannt, daß seine Mißerfolge bei der Bewerbung um den Rom-Preis einen bemerkenswerten Platz in der Liste der groben Prüfungsirrtümer der Akademie einnehmen. Dennoch zeigt der Erfolg Debussys, daß die Unterwerfung unter die konventionellen Regeln der Kantaten-Komposition nicht absolut unvereinbar ist mit den Kühnheiten des Genies. Debussy schwankte viel mehr angesichts der Verlockungen des billigen Erfolgs; Debussy brauchte einige Zeit, ehe er auf die Gefälligkeit und das allgemeine Wohlgefallen verzichtete, ehe er die enge Pforte wählte ... Ravel hingegen ging sogleich geradewegs auf das Ziel zu, mit untrüglichem Gefühl für die formale Vollkommenheit. Nein, seine Hand zitterte nicht. Man denke nur, die *Habanera* aus der *Rhapsodie espagnole* mit ihren unerhörten melodischen Verzierungen stammt aus dem Jahre 1895!

1895! Wunderbares Jahr, in dem Fauré die «Fünfte Barkarole» komponierte und sicher schon über seinem «Prometheus» brütete; in dem Debussy an den «Trois Nocturnes» für Orchester arbeitete und auf dem Harmonium von Pierre Louÿs die ersten Fragmente aus «Pelléas et Mélisande spielte! Eine unvergleichliche Zeit, die aus Paris die musikalische Hauptstadt Europas machte ... Ravel war damals zwanzig Jahre alt. Ist es möglich, in den Werken, die er bis 1900 komponierte, seine Vorbilder zu entdecken, etwas über seine Lektüre zu erfahren, Zitate zu finden? Fest steht, daß Ravel anfangs Massenet geliebt hat; er lieh dessen gefälligen Sirenenklängen sein Ohr. Man kennt ja auch die Anziehungskraft, die Manon und Lotte auf Herrn Croche (Debussy) ausübten und in welchen begeisterten Ausdrücken er die Anmut «der reinen Farbtöne und der flüsternden Melodien» verherrlichte. Wenn er es nicht selbst eingestanden hätte, so hätten wir es beim Anhören des Mondscheinsatzes der «Suite bergamasque» oder der zweiten «Ariette oubliée» dennoch erraten. Schuld an dem Mißkredit, in den Massenet geraten, ist nicht nur unser berechtigtes Mißfallen an der billigen Gefälligkeit, sondern zweifellos auch eine Sucht, an unserem eigenen Vergnügen Anstoß zu nehmen, eine masochistische Vorliebe für das Langweilige, eine Bewunderung der falschen Tiefe und eine Art «verkehrter» Leichtfertigkeit, die in den jetzigen Salons sehr im Schwange ist ... Wie konnte die asketische Musik Ravels irgend etwas den schmeichlerischen Melodien Massenets verdanken, jenen so beiläufigen und sinnlichen Melodien, denen sogar die jungen Frauen, für die sie ja geschaffen wurden, heute die «Kunst der Fuge» vorziehen? Massenet, der war die Gefälligkeit, die Leichtigkeit und die Entspannung; das genaue Gegenteil der scharfgeschnittenen Kunst Ravels. – Ravel, der sich nicht gern mit

Ricardo Viñes und Ravel um 1901

Die Schüler der Kompositionsklasse Fauré (vorn am Flügel Fauré, über ihm Ravel)

opernhafter Melodienseligkeit oder ganz allgemein mit theatralischen Ausbrüchen abgab, er verkörpert für uns die Geradheit, den Humor, die Knappheit; seine Akkorde sind manchmal Stiche. Aber ist die Bosheit vielleicht nicht gerade die zweideutige Maske der Zärtlichkeit? Betrachten wir einmal genau die Kurve von Ravels Melodik vom *Menuet antique* des Jahres 1895 bis zum *Concerto* von 1930, so werden wir vielleicht mit Überraschung und Beschämung in ihr die wollüstigen Arabesken und die Zärtlichkeit Massenets entdecken.

Die strenge Enthaltsamkeit, die sich Ravel auferlegte, war, wie man feststellen muß, der gediegenen Schule seines Lehrers Gabriel Fauré zu verdanken. 1896 war Fauré gerade der Nachfolger Massenets als Leiter der Kompositionsklasse des Pariser Konservatoriums geworden. Die

Klasse Faurés wurde, wie Roland-Manuel einmal bemerkte, für die Komponisten das, was der Salon Mallarmés für die Dichter war, «ein zauberischer Ort, der freie Gespräche begünstigte». In der Klasse Faurés sollte Ravel die Kraft des Pianissimos und die Beredsamkeit des Schweigens erlernen. Außer einem zarten *Wiegenlied* für Klavier und Violine widmete er Fauré das *Quartett in F-dur*, in dem man wohl die schwebende Leichtigkeit der *Lydia* erkennen kann, aber mit einem Schuß Säure versehen, die anmutig um die sanfte Kantilene kreist und die Töne mit mildem, um einen Halbton herabgestimmtem Lichte umhüllt. Und dann ist noch jener *Jardin féerique* zu erwähnen, der dem

Chabrier. Zeichnung von E. Detaille 1887

«Zehnten Notturno» und dem edlen Hochzeitshymnus des «Shylock» ganz nahe verwandt ist. Menuette, Madrigale und Pavanen bedeuten für beide Musiker Bergamasker Schaustücke, Dekorationen galanter Feste, in denen sich der unsterbliche Clitandre und alle die Karnevalsgestalten bewegen. «Le plus doux Chemin» und das Intermezzo der Flötenspielerinnen aus dem ersten Akt der «Penelope», das «Madrigal in d-moll» und die «Pavane in Fis» lassen einen Weg erkennen, den schon Gounod in «O ma belle Rebelle» ging und den später – außer Ravel in den *Galanten Festen* – auch Messager in gewissen, ganz an Fauré gemahnenden Stellen einschlug. Dieser Weg ist «le plus doux chemin» des bergamaskischen Zaubers. Die Stimmung des Halbdunkels und der leidenschaftlichen Ironie und vor allem jene Ausdrucksweise in Anspielungen und ganz «en sourdine» (mit Dämpfer) ... wer könnte dies verkennen? Das alles kam Ravel zu aus dem sanften, unerschöpflichen, melodiösen Strom der Töne und Gesänge, der ruhig durch die dreizehn Barkarolen Faurés fließt wie ein Honigstrom. Ravel hat jene zauberische Ausstrahlung erlebt, die fast ein halbes Jahrhundert von Fauré ausging. So ist es sinnvoll, die Anfänge vom Musiker des *Geheimnisses* mit dem Namen des Künstlers zu verknüpfen, der noch geheimnisvoller war als er, mit dem des verhülltesten und keuschesten Künstlers, den Frankreich seit Racine besaß.

Nach der höchsten Vornehmheit die wildeste Spaßhaftigkeit: Chabrier ist eine der Hauptquellen der Musik Ravels. Mehr noch als Massenet wird dieser Name Erstaunen erregen. Gibt es wirklich eine enge Verwandtschaft zwischen dem so lebensvollen, aber entsetzlich ungleichmäßigen Autodidakten Chabrier und dem feinen, immer nach formaler Vollendung strebenden Gestalter des *Trios*, zwischen dem spitzen und etwas altväterlichen Humor der *Heure espagnole* und der derben Komik des «Étoile»? Man denke nur an den Polichinell der *Joyeuse Marche*, der mit einem Krach eintritt, in Lachen ausbricht und seine Kapriolen macht, wobei er alle seine Schellen bewegt; diesen derben Gesellen mit seinem Vollmondgesicht, seiner aufgesetzten Nase, seinem Buckel und den zinnoberroten Flecken auf beiden Wangen. Wie schnell wird er das ganze Porzellan Adélaïdes zerschlagen haben! Was für eine Beziehung kann es geben zwischen diesem wilden, guten Kind und dem etwas säuerlichen und gezierten Humor Ravels? Und seit wann wird der Überschwang der Zurückhaltung gleichgesetzt? Aber vielleicht ist unsere Verwirrung nicht ohne Grund ... Erinnert Fauré, der raffinierteste Künstler der Welt, im *Pas espagnol* nicht an Chabrier? Ohne von Spanien zu reden, das sie beide gleich stark lieben, können wir sagen, daß Ravel Chabrier in erster Linie den Begriff des reinen musikalischen Vergnügens verdankt, ohne jeden Zusammenhang mit der Literatur. Der ganz in Musik aufgehende Chabrier gleicht jenen Dämonen des Lustspiels, von denen Kierkegaard sagt, sie seien «Kinder der Laune, trunken vor Lachen und tanzend vor Freude»; er läßt sich nur von seinem untrüglichen Instinkt leiten und wird außerdem von einem ungewöhnlich feinen Gehör angeregt und von einem unersättlichen Drang nach

Neuem; als erster probiert er alle Arten saftiger Klangkombinationen aus und gruppiert die Töne ausschließlich in der Absicht, dem Gehör zu schmeicheln. Als Ravel 1899 die folgende, an Chabriers Oper «Gwendoline» gemahnende Phrase wagte –

hatte er nicht die Absicht, Chabrier zu parodieren. Die Piraten in *Daphnis, Tout gai,* das *Trinklied* und das so überschwengliche Rigaudon aus dem *Tombeau de Couperin* geben der «Joyeuse Marche» an Ausgelassenheit nichts nach. Natürlich hat Ravel später die übertriebenen Anklänge an Chabrier, wie sie sich in der *Pavane pour une Infante défunte* oder in dem *Menuet antique*, dem Zwillingsbruder des *Menuet pompeux*, zeigten, aufgegeben; denn Chabrier schrieb im allgemeinen alles nieder, was ihm durch den Kopf ging, und brachte so ohne Unterschied das Geniale und das Minderwertige hervor, die unerhörtesten Entdeckungen und die billigste Marktware, Eingebungen von höchster Poesie und übelste Geschmacksverirrungen – alles übrigens mit der gleichen Großzügigkeit, denn seine vulkanische Natur war niemals wählerisch. Wie hätte ein so strenger und skrupulöser Künstler wie Ravel nicht von diesem Durcheinander abgestoßen sein sollen, in dem die Gesänge der Walküren sich mit Gassenhauern berührten? Wie hätte er diese Sturzbäder aushalten können, in denen die erlesensten Raffinements mit den peinlichsten Banalitäten abwechselten? Betrachten wir nur die harmlose Parodie, die Ravel 1913 «in der Art von Emmanuel Chabrier» komponierte: Er wirft ihm insbesondere die Übertriebenheit des Ausdrucks vor, die ständig mit Durchgangsnoten ausgeschmückten Linien, die allzu gleichförmigen Bässe und jenes sentimentale Unisono der beiden Hände, die im Abstand von einigen Oktaven das gleiche singen, wie in der Oper, wenn die Melodie verdoppelt und den Hörern zutiefst eingehämmert werden soll. Aber in seinen Spöttereien ist auch das zu erkennen, was er an Chabrier schätzte: die alten Modi, die parallel aufsteigenden Dominantsept- und -nonenakkorde, jene klaren, so typisch französischen und zukunftsträchtigen Klangwirkungen und jene jähe Wendung nach Fis-dur, die, wie eine plötzliche Laune, an den Walzer aus *Faust* erinnert. Wird die Parodie so nicht eine Huldigung an den Freund des Rausches, der Kaprice und der Freiheit? Reine, anmutige, nicht aufgelöste Septimen und Nonen, aus bloßem sinnlichen Vergnügen aneinandergereiht! Im Jahre 1887 haben die französischen Musiker begeistert mit diesen Intervallen experimentiert: zunächst Erik Satie, der sie in den drei Sarabanden ohne Vorbereitung einführte und in ihrem neuartigen silbernen oder sonderbar feierlichen Klang schwelgte; dann Chabrier im

Vorspiel zu seiner Oper «Le Roi malgré lui», der sie gewissermaßen als in der weiten freien Natur erklingende Fanfaren benützte. Andererseits ist in Ravels *Habanera* vom Jahre 1895 die Gesangsmelodie nach dem Vorbild der «Habanera» Chabriers verdoppelt. Und muß man noch darauf hinweisen, daß weder Ravels zweite *Valse romantique* noch die siebente *Valse noble et sentimentale* noch die Feria der *Rhapsodie espagnole* ohne Chabriers «España» und «Scherzo-Valse» geschaffen worden wären?

Ravel hatte kaum die Möglichkeit, Chabrier kennenzulernen, da dieser schon 1894 starb; hingegen erlebte er die ersten Extravaganzen Erik Saties mit, seine genialen Versuche und gefährlichen Vorstöße ins Niemandsland der Akkorde. Pierre-Daniel Templier erwähnt in seiner Satie-Biographie (Paris 1932), daß Ravel Wert darauf legte, 1911 in der S. M. I. selbst einige frühe Klavierwerke Saties vorzutragen, darunter die zweite *Sarabande* (die ihm übrigens gewidmet war), ein *Prélude du Fils des Étoiles* (dessen Instrumentation er 1913 unternahm, aber unver-

Erik Satie. Karikatur

öffentlicht hinterließ) und die dritte *Gymnopédie*. Auch Ravel hatte einmal eine esoterische Epoche und komponierte in einem «ausdruckslosen Stil», gerade zu jener Zeit, in der Satie Stammgast in Chat-Noir war und mit Sar Péladan verkehrte. Das Gesangsstück *Sainte*, das er 1896 auf einen Text von Mallarmé komponierte, erinnert mit seinen starren, traumhaft aneinandergereihten Akkorden ebenso an Saties «Sonneries de la Rose-Croix» wie an Debussys «Damoiselle élue». Auch die harmonischen Verkettungen im Vorspiel zu *L'Heure espagnole* kommen vielleicht aus diesem Bereich. Der Zauber, der das starre Klavierstück *Le Gibet* umhüllt und den monotonen *Boléro* versteinert, ist nicht ohne Beziehung zur Hartnäckigkeit von Saties «Gnossiennes». Die Herkunft der ersterbenden Folge von Dominantnonakkorden in der *Pavane pour une Infante défunte* und in dem Gesangsstück *Manteau de Fleurs* oder der kleinen Nonen in der *Vocalise-étude* ist klar: ihr Ursprung ist das schmerzliche, künstliche Erlöschen, das sich in Saties «Sarabandes» vollzieht. Auch Debussy gemahnte daran im zweiten Satz seiner Suite «Pour le Piano». Aber auch Ernest Chausson erlag 1896 in «Serre d'Ennui» dem Zauber jener Klänge. Diese ersterbenden Folgen, diese Nonenklänge finden sich auch im ersten der *Epigramme* Ravels (Gesangsstükke nach einem Text von Clément Marot, 1898) und noch in dem Stück *Asie* (aus der *Scheherazade*, nach einem Text von Tristan Klingsor, 1903). Aber Ravel ist schon viel kunstvoller, gelenkiger und weniger berechnend als Satie. Bald wird sich dieser Pionier, Forscher und Wegbahner als alter «Anfänger» in die Schule Ravels begeben. Aber Ravel ist ihm immer treu geblieben, davon zeugt auch das Bläserstück *L'Éventail de Jeanne* (1927), dessen ironische Vortragsbezeichnung «wagneramente» uns an das «chaldäische Wagnertum» Saties erinnert; denn Satie und Ravel sind dem Humor nach verwandt, so wie sie es früher in der Ausdruckslosigkeit und im Mystizismus waren. Wer weiß denn, ob nicht auch die düstere Phantasmagorie des *Gaspard de la Nuit* (drei Klavierstücke Ravels, 1908) in gewissem Sinne von dem Autor der «Danses gothiques», dem Liebhaber der Zinnen und Türme aus Bronze, beeinflußt sind? In ihrer argwöhnischen Scham fürchten Satie und Ravel von dem genarrt zu werden, was sie am meisten in der Welt lieben; deshalb wurde Chabrier, den Ravel in der «Faust-Paraphrase» so liebenswürdig verspottete, auch von Satie in «Españaña» aufs Korn genommen. Wahr ist aber, daß Chabrier Wagner parodierte, so wie Satie und Ravel Chabrier parodierten, und daß seine frechen «Souvenirs de Munich» («Phantasie über die Lieblingsmotive aus ‹Tristan und Isolde›») sowohl «Golliwog's cake-walk» (Debussy) als auch die «Quadrille tétralogique» von Fauré-Messager ankündigen. Und weiter: Ravel hatte mit Satie auch jenen Geist der Nichtanpassung und den leidenschaftlichen Drang zur Unabhängigkeit gemeinsam – er lehnte alle Ehrungen und Auszeichnungen ab –, Eigenschaften, die ihn, wie auch Satie, vor Bindungen an Frauen bewahrten und ihn so geheimnisvoll und abweisend machten.

Wenn Ravel bei Satie den Geschmack an der Freiheit erwarb und bei Chabrier und Fauré das Vertrauen zu seinem eigenen Wohlgefallen, so fand er bei den Russen unerschöpflichen Nährstoff für seine modalen, rhythmischen und harmonischen Liebhabereien. Man kann sich das Entzücken vorstellen, das sich der französischen Musiker seit 1880 angesichts dieser leidenschaftlichen, abwechselnd sehr zarten und sehr wilden Kunst bemächtigte ... Es ist nicht erstaunlich, daß die Glocken von «Boris Godunow» (Mussorgsky), des «Mädchens von Pskow» (Rimsky-Korsakow) und des «Fürsten Igor» (Borodin) den Verfall der bösen Götter, der schwarzen Schmetterlinge und der Prahlereien der Nibelungen einläuteten. Getrieben von der ihm eigenen Lust nach Neuem entdeckt Ravel mit Entzücken die wollüstige Lässigkeit der slawischen Melodien; etwas davon ist vielleicht in die *Beaux Oiseaux du Paradis* (Gesangsstück, 1915) übergegangen, deren Akkordtöne von f-moll so wie die Rückkehr zum Grundton im Unisono eine Art russisches Heimweh atmen. Die Haltetöne und die hübsche chromatische Färbung bei Borodin entzückten ihn, und obwohl er in *La Valse* das «à la Borodin» belächelte, sieht man manchmal in seinen Werken die jungen Mädchen aus «Fürst Igor» umherirren und fühlt den Schatten des Notturno aus dem 2. Quartett Borodins. Wer könnte behaupten, daß der Tanz der Seeräuber im Finale von *Daphnis et Chloé* nicht von dem Wirbel in einem der berühmten «Polowetzer Tänze beeinflußt sei? Wer erkennt in ihm nicht einen dissonanten und etwas bösartigen Borodin? – Auf Balakirew, wie auch auf Liszt, gehen gewisse Kühnheiten in Ravels Klaviersatz zurück; auf Rimsky-Korsakow die Gelöstheit des Orchesters, der Fabenreichtum und die Virtuosität der Instrumentation. Wenn auch die eigenartige französische *Scheherazade* (drei Gesangsstücke Ravels aus dem Jahre 1903) nicht sehr den vier brillanten symphonischen Gemälden Rimsky-Korsakows gleicht, so verdankt doch das Orchester Ravels, wie auch das von Paul Dukas, vieles dem «Capriccio espagnol» Rimsky-Korsakows. Und sind die Kadenzen im *Prélude de la Nuit* und die großen Gänge der Harfe in der Feria der *Rhapsodie espagnole* Ravels nicht gewissen Stellen der «Scheherazade» Rimsky-Korsakows verwandt? Sogar im Adagio von Ravels *Quartett* verrät jenes Pochen der Triolen deutlich die russische Herkunft. Kurz vor Beginn des dritten Teiles von *Daphnis* weisen Veränderungen der Tonalität deutlich auf «Boris Godunow» ... In Mussorgsky schwelgte Ravel mit besonderer Vorliebe. Gleich Debussy hat auch er den frischen, säuerlichen, zusammenziehenden Geschmack der Sekundenfolgen gekostet, die sich in der «Kinderstube» (Liederzyklus von Mussorgsky) entfalten: in *Noël des Jouets*, in den *Histoires naturelles* (Gesangsstücke von Ravel) und in der Szene des Geistes des Mathematikers in *L'Enfant et les Sortilèges* werden wir jene unerhörte Genauigkeit der Notierung, jene Lust am Detail, jene kapriziöse Gebrochenheit der Ausdrucksweise und endlich auch jenen mikroskopischen Realismus wiederfinden, die den genialen Komponisten der «Bilder einer Ausstellung» (Klavierstück von Mussorgsky) kennzeichnen. Aber was Mussorgsky aus Instinkt hervorbringt, das geschieht bei Ravel durch außerordentliche Kunstfertigkeit und höchsten Fleiß. Ist hier nicht daran zu erinnern, daß Ravel die «Bilder einer Ausstellung» und Fragmente aus

Rimsky-Korsakow

«Chowanschtschina» (Oper von Mussorgsky) instrumentierte? Der *Scarbo* in *Gaspard de la Nuit* (Klavierstück von Ravel) erscheint als eine Reinkarnation des «Gnomus» der «Bilder einer Ausstellung», und die Staccati der Nicolette (Hauptfigur in Ravels Oper L'Enfant et les Sortilèges) erinnern sowohl an jene des Gopak wie an die Komik des Bouc ... Noch lange erinnerte sich Ravel an den entflohenen Papagei im 5. Akt des «Boris», an die Erscheinung des Automaten und an die Glokkenspielszene. Die Vogelballette und Insektenkonzerte werden mit ihren herben Klängen noch lange die Kinderszenen Ravels, *Ma Mère l'Oye* und *L'Enfant et les Sortilèges*, erfüllen wie auch den summenden Garten Albert Roussels.

Vor allem schließt sich Ravel aber an Franz Liszt an. Es ist die so wunderbare, schon so moderne, so leidenschaftliche, so metallische und elastische Instrumentation des «Mephisto-Walzers» und der «Faust-Symphonie», der die Orchestrierung der *Rhapsodie espagnole* und *Valse* am meisten gleichen. In den «Douzes Études transcendantes» und in den «Trois Études de Concert» (Klavierwerke von Liszt) entdeckte Ravel ei-

Mussorgsky

ne Fülle technischer, harmonischer und klanglicher Neuerungen: das Rascheln der «Feux Follets» findet sich in *Scarbo* wieder, das «Bruissement de la Forêt» lebt in dem kapriziösen Flattern der *Noctuelles* (erstes Stück der *Miroirs* von Ravel) wieder auf. Die *Vallée des Cloches* (fünftes Stück der *Miroirs*) scheint mit ihrem pastoralen Angelus und ihrer romantischen Schweizer Stimmung aus einem «Année de Pélerinage» (Klavierzyklus von Liszt) herzukommen. Die *Jeux d'Eau* (Klavierstück Ravels) murmeln in Versailles ebenso wie in der Villa d'Este. Das Unerhörte der symphonischen Dichtungen Liszts, die kristallenen Klänge der «Vogelpredigt des heiligen Franz von Assisi», die Kühnheit der Etüden finden in Ravel einen Erben! Maurice Ravel findet sich wieder in dem genialen Romantiker Liszt, wenn auch nicht immer, so doch zumindest in dem kühnen und freien Geist, den Liszt, der hochmoderne Rhapsode für die französische Musik, verkörpert. Finden aber die *Rhapsodie espagnole* und die «Ungarischen Rhapsodien» des genialen Romantikers nicht auch ein Echo in der *Tzigane* und in der *Rhapsodie espagnole* des französischen Musikers?

Die drei Schaffensepochen

1875–1905

Die erste Epoche der Stilentwicklung Ravels umfaßt drei Klavierwerke (*Menuet antique, Pavane pour une Infante défunte, Jeux d'Eau*, die beiden erstgenannten wurden auch für Orchester gesetzt); Vokalwerke (vier Werke für Gesang und Klavier, und vor allem *Scheherazade* für Gesang und Orchester); und schließlich das *Streichquartett in F-dur* (1902), das in die Epoche der größten Meisterschaft überleitet.

Das *Menuet antique* (1895) ist ein recht unbedeutendes und ziemlich konventionelles Werk. Dürfen wir es sagen, daß wir das «Menuet pompeux» der «Pièces pittoresques» von Chabrier viel liebenswürdiger und ungezwungener finden? Der Abstand zwischen dem *Menuet antique* und dem subtilen *Menuet sur le Nom de Haydn* (1909) bzw. dem Menuett im *Tombeau de Couperin* (1914–17) ist sicher ebenso groß, wie der zwischen der *Pavane* (1899) und der *Alborada del Gracioso* (1905), das heißt zwischen dem Spanien Victor Hugos und dem Manets. Hielt Ravel das *Menuet antique* für «antik», weil er von den Leittönen keinen Gebrauch machte? Aber das sind nur Kleinigkeiten! Die Modulationen erscheinen unbeholfen, und der Musiker wird etwas langatmig. Aber dennoch wollen wir es nicht geringschätzen. Das Trio in der Mitte, mit seinem entzückenden «h», hat etwas unbeschreiblich Anmutiges und Natürliches und ist gar nicht gewöhnlich; einige seiner Wendungen erinnern schon an die Forlane des *Tombeau de Couperin*, wenn das Stück auch schließlich in einer traditionellen Kadenz ausläuft. Auch in jenen prächtigen Akkorden, die im Orchester der Harfe und den Streichern (vermehrt um einen gestochenen Ton der Pikkoloflöte) anvertraut sind, erscheint der Schöpfer der *Adélaïde* (1912). Sie lassen die schulmäßige und etwas gezierte Anmut des «Menuet sur le Nom de Haydn» ahnen.

Um dieser Spiele, dieser Wiederholungen, dieser Verbeugungen, dieser Tändeleien mit den Spitzentönen willen hat man es nicht zu bedau-

ern, sich das *Menuet antique* ganz anzuhören. – Die *Pavane* ist, obwohl vier Jahre später entstanden, weniger zu loben; ihre drei Variationen sind etwas matt, und man sucht in ihr vergeblich persönliche Züge. – Die berühmten *Jeux d'Eau* (1901) hingegen sind ein sehr erfindungsreiches Werk – und sicher das erstaunlichste Meisterstück unter den dreien: sowohl wegen der Originalität der Schreibweise als auch wegen ihres poetischen Ausdrucks. Schlanke Quinten und Quarten schweben lässig unter den durchsichtigen Arpeggien der rechten Hand; diese klaren, kristallenen, transparenten Klänge bilden eine Atmosphäre, die zugleich sich von der romantischen Welt eines Liszt, dem Impressionismus eines Debussy und vor allem von den Zauberkunststücken der «Ballade en Fa dièse» von Gabriel Fauré ableitet und dennoch echtester Ravel ist. Die Harmonik nimmt mit ihren dissonanten Haltetönen, ihren Alterationen, ihrer Chromatik und sogar mit einem Anflug von Bitonalität manchmal in merkwürdiger Art gewisse Kühnheiten der «Péri» (Dukas) und des «Feuervogels» (Strawinsky) voraus. Die *Jeux d'Eau* tragen übrigens auch deutlich die Zeichen ihrer Entstehungszeit an sich: ebenso wie bei den *Miroirs* (1905) gibt es auch in ihnen matte und weitschweifige Stellen; da ist zum Beispiel jenes sehr sanfte zweite Thema, das sich auf den schwarzen Tasten ausbreitet und eine wehe, sehnsüchtige Stimmung aushaucht, wie ein herbstliches Herz in einem großen, einsamen Park ... für den Autor der *Adélaïde* wahrlich eine sehr matte, verdämmernde Landschaft!

Die gleiche Stimmung beschwört aber auch das erste Gesangswerk *Sainte* (1896) herauf, das Ravel auf einen preziösen und etwas altertümlichen Text von Stéphane Mallarmé komponierte. Da gibt es eine langsame Folge von Akkorden, deren Stimmung an das dritte Stück der «Proses lyriques» von Debussy («De Fleurs») erinnert. Und muß man dabei nicht auch an die «Oraison» der «Serres chaudes» von Chausson, an die «Prière du Mort» von Charles Kœchlin und an die «gotische» Rosenkreuzer-Feierlichkeit des frühen Satie denken? Die «blaue Trauer» Maeterlincks und die «grüne Trauer» Debussys entsprechen einander. Bei Ravel schwebt die Singstimme träumerisch, nach Art einer Litanei, eintönig in der Mittellage zwischen den Akkorden und gemahnt, mehr noch als an *Adélaïde*, an Clymène in ihrem Strahlenkranz; all das sieht noch immer ziemlich nach «Kirchenfenster» aus, in der Gesangslinie ist aber doch schon eine Spur kühner Ironie wahrnehmbar. – Ganz offensichtlich ist das Spiel in den beiden entzückenden *Épigrammes de Marot* (1898) geworden: im ersten, *D'Anne qui me jecta de la Neige*, das das feierliche Gepränge eines Renaissance-Hofes wachruft; und vor allem im zweiten, *D'Anne jouant de l'Espinette*, mit seinen zarten Spinettklängen. Man denkt an jene geheimnisvolle Klavierspielerin Vermeers, die mit ihren behenden Fingern dem Spinett das «sanfte melodische Geräusch» entlockt. – Der völlig vom Gefunkel der schwarzen Tasten überglänzte *Manteau de Fleurs* (1903) hingegen kehrt wieder ganz in den dichteren, üppigeren und großzügigeren tonalen Bereich zurück. *Adélaïde* wird gewiß die Sprache der Blumen knapper sprechen. Hier ist die

Maurice Ravel. Gemälde von Ouvré

Stimme sehr «gesanglich» geführt, und alles wird von der Tonart Fis-dur warm umhüllt. – Anne hat, als sie Spinett spielte, schon das Prélude aus dem *Tombeau de Couperin* vorausgenommen; Anne will nicht frivol sein und nimmt sich selbst ernst. Man ahnt schon den «Indifférent» der *Scheherazade*.

Scheherazade (1903), eine Art symphonische Dichtung für Gesang und Orchester, ist ein Gesangswerk von größeren Ausmaßen, aus dessen Gesamtheit die damalige Kompositionstechnik und Kunstanschau-

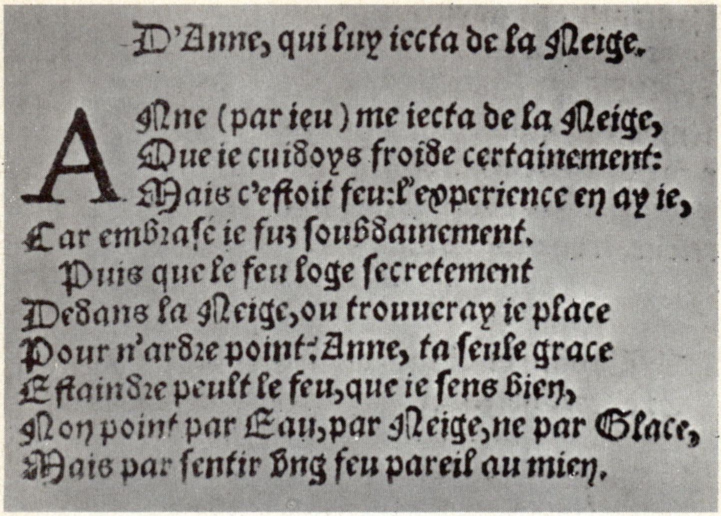

D'Anne, qui luy iecta de la Neige.

Anne (par ieu) me iecta de la Neige,
Que ie cuidoys froide certainement:
Mais c'eſtoit feu: l'experience en ay ie,
Car embraſé ie fuz ſoubdainement.
Puis que le feu loge ſecretement
Dedans la Neige, ou trouueray ie place
Pour n'ardre point: Anne, ta ſeule grace
Eſtaindre peult le feu, que ie ſens bien,
Non point par Eau, par Neige, ne par Glace,
Mais par ſentir vng feu pareil au mien.

Aus den Epigrammen Clément Marots

ung des Autors deutlich abzulesen sind. Wer könnte noch an die «Trokkenheit» Ravels glauben, wenn er dieser so ausdrucksvollen, freien, weitgespannten und gesangsvollen Deklamation lauscht? *Asie*, das erste und weitaus längste der drei Gedichte von Tristan Klingsor, aus denen sich *Scheherazade* zusammensetzt, besteht aus einer Reihe verschiedenartiger Episoden, die von einem Präludium und dessen variierter Wiederholung umrahmt werden. Diese Episoden entsprechen den verschiedenen Landungsplätzen eines «trunkenen Schiffes», das die große Erdumseglung ostwärts ausführt; die fernen Meere und Inselwelten ziehen so an den Augen des neuen Sadko («Sadko», Titelheld der gleichnamigen Oper von Rimsky-Korsakow) vorüber. Zu Beginn setzt ein Sprühregen großer Septimen ein, die nach oben in Schaumwolken und knisternder Phosphoreszenz versprühen; dann erklingt eine Art Gondellied, über dem fernes Glockengeläut hörbar wird, gleichsam ein Ruf der Ferne, von märchenhaften Bergen her; zwei Quinten breiten unter dem Traumschiff ihren von wohlklingenden Dissonanzen bewegten Untergrund aus; dann erscheinen nach und nach: in der Tiefe die geheimnisvollen Klänge der «Damoiselle élue» (Kantate von Debussy); in der Höhe, hervorgehoben durch die Celesta, Quinten und Quarten staccato, die die Chinoiserien der *Laideronnette* (drittes Stück aus *Ma Mère l'Oye,* 1908) ankündigen; nach einem Fortissimo, das sich des ganzen Orchesters bemächtigt, verhaucht das Echo der Rufe des Beginns schließlich langsam in einer Art leuchtendem Nebel. Eine gemeinsame Idee scheint *Asie* und *La Flûte enchantée* zu verbinden und so die thematische Einheit dieser rhapsodischen Kreuzfahrt zu sichern. In ihr spukt schon das

Scherzo des Streichquartetts. – *La Flûte enchantée* ist eine reizende Serenade, in der Ravel das Instrument des Gottes Pan ertönen läßt, jene Syrinx, deren Geburt uns in *Daphnis et Chloé* erzählt werden wird, die Flöte der Bilitis und des Fauns, des kleinen Schäfers und des Mädchens mit den flachsfarbenen Haaren (Anspielungen auf Werke Debussys), all der zarten, lilienhaften Geschöpfe des symbolistischen Spleen. Ravel wird sich eines Tages darin gefallen, eine schärfere Sprache zu sprechen; aber welche Feinheit zeigt sich schon hier in dem Kontrapunkt inmitten des Stükkes, in dem die verliebten Koloraturen mit dem Gesang der Gefangenen vereinigt werden. – Im *Indifférent* schließlich erzeugen die Tonart E-dur und die langsamen Paukenschläge eine noch üppigere tonale Stimmung; die sehr nahe aneinander geführten melodischen Linien, die Verschlingung der Quinten und Quarten, umhüllen hier die Kantilene mit einem schweren Duft von Sinnlichkeit. – So ist diese schillernde Orientalin gezeichnet; aber ohne Ironie, denn die Gefangenen haben noch nicht die Gewohnheit angenommen, sich ihres Gefühls zu schämen. – So erscheint uns *Scheherazade* mit ihrer Unzahl kleiner Notenwerte überaus melodisch und ganz mit Trillern, Arpeggien, Tremoli und Glissandi geschmückt ... Man könnte aber dennoch sagen, daß die Worte Tristan Klingsors «... um die Erzählung kunstvoll zu unterbrechen ...» in Ravel das schlechte Gewissen allzu großer Leichtigkeit erwecken ...

Das *Streichquartett in F-dur* (1902) überragt in seiner jugendlichen Anmut das gesamte übrige Schaffen dieser Epoche. Ravel beginnt dort, wo die anderen aufhören ... die anderen: Franck, Chausson, Fauré, Smetana ... Ravels Frühreife straft den Satz von Vincent d'Indy Lügen, nach dem ein Streichquartett notwendigerweise das Werk reifen Alters sein müsse. Ravel war 27 Jahre alt, als er das *Quartett* komponierte, während Debussy tatsächlich schon über dreißig war, als er das seinige schrieb; aber das *Quartett* Ravels ist unendlich mehr typischer Ravel als das «Quartett» Debussys typischer Debussy! Das *Quartett* Ravels ist ein Beginn, während das «Quartett» von Fauré in seiner strengen Einfachheit ein Ende bedeutet, einen letzten Gedanken, opus ultimum ... In der Reihenfolge ihres Erscheinens können wir neun Hauptmotive unterscheiden, die das melodische Material des *Quartetts* bilden:

Nijinsky und Ravel, Paris 1911

Eine ganz harmlose, offenherzige Phrase (A), gleichmäßig in einfachen Vierteln und Achteln, aufsteigend, einer Skala von 15 Tönen zugehörig, entfaltet sich in den ersten vier Takten; im fünften Takt, nach einem plötzlichen Pianissimo, senkt sie sich wieder herab und endet in einem g-moll-Akkord. Gibt es etwas Einfacheres und Klareres als diese F-dur-Stimmung? Es ist die gleiche zarte, gelöste und fast mozartische Atmosphäre, wie in dem Capriccio der «Pièces brèves» von Gabriel Fauré; die gleichen schwerelosen Pianissimi, die gleiche ruhige Haltung. Und auch die gleiche Durchsichtigkeit der Schreibweise, die gleiche kunstvoll artikulierte Polyphonie wie in dem köstlichen «Zweiten Quartett» (op. 10, A-dur) von Alexander Glasunow. Wie poetisch und gegenwärtig ist doch alles! Aber täuschen wir uns da nicht? Hinter all dieser jugendlichen Sanftheit ist auch ein wenig Spott. Im launischen, etwas schalkhaften Spiel der melodischen Linie etwa, mit ihren wiederholten Absätzen und der absteigenden Quarte a–e, oder in der erstaunlichen tonalen Zusammenhanglosigkeit, die keinerlei Modulation voraussehen läßt? Oder etwa als Wirkung gewisser wiederholter Harmonieschritte oder plötzlicher Crescendi und Decrescendi, mit denen die Linien förmlich zu atmen scheinen? Oder kann man ihn vielleicht in dem ausdrucksvollen, etwas neckischen Thema B entdecken, das vom neunten Takt an aus dem raffiniert veränderten Akkordgewebe herauslächelt? Jedenfalls zeigt sich wohl in allen diesen Finessen ein Wille zu äußeren Scherzen, zur Erheiterung des Gehörs. Das dritte, sehr ausdrucksvolle Thema (C) ist durch die gesangsvolle Triole ausgezeichnet, so wie das erste durch die charakteristische Zweiachtelfigur. Die weitere Entwicklung besteht vor allem in der Kombination der Themen A und C. Zunächst wird C durch den über ihm erscheinenden Anfang von A ausgeschmückt und dann in ähnlicher Art A durch C, diese kontrapunktische Verschlingung wird zweimal durchgeführt; dann führt der Eintritt von dem Thema B zu einem sehr leidenschaftlichen Fortissimo, das die Reprise und die Coda einleitet. – Ohne denselben Glanz zu haben wie das spanische Scherzo im «Quartett» von Debussy, nützt Ravel im Scherzo geschickt die rhythmischen Zweideutigkeiten aus. Es enthält drei Themen, von denen die beiden ersten (D und E) offensichtlich mit C verwandt sind; F bildet eine Art langsames Intermezzo, das die Stelle des Trios einnimmt, und wird zuerst von E und dann von D kontrapunktiert; seine Tonwiederholungen weisen auf eine tiefe Beziehung zu Thema A hin. – Ein träumerisches Andante, in dessen Mitte A wiedererscheint – aber ruhevoll, hell, melancholisch –, entwickelt seinerseits zwei Motive (G und H) in Gesdur; zu Beginn und am Ende des Andante tritt A in einer sehr energisch rhythmisierten Gestalt in kapriziös improvisatorischer Haltung auf. Nach einem Augenblick leidenschaftlicher Schwärmerei, der Daphnis ankündigt, steigt die «Dumka» immer weiter und dünner empor, um schließlich sanft zu verhauchen. – Mit seinen pochenden Bogenschlägen und seiner leichten Chromatik beginnt das Finale wie ein wohlbekanntes Finale von César Franck; den Hauptthemen A und C des ersten Satzes und deren Varianten fügt es ein letztes Motiv (I) hinzu, dessen wunderbar naive Akzente schon ein wenig an die *Sonatine* und an *Ma Mère l'Oye* gemahnen. Diese ständige rasche Bewegung, diese Sechzehntel, diese Oktaventremoli sowie eine gewisse «dekorative» Anlage, all das will den Eindruck des Heiteren und Flüchtigen verstärken, den ein allzu sentimentales Andante vielleicht etwas austilgen konnte. Der Anfangsgedanke des *Quartetts* wird ebenso im Menuett der entzückenden «Sonatine» von Joseph Jongen wie auch in der *Sonatine* von Ravel wieder aufgegriffen.

1905–1918

In der großartigen Schaffensepoche, die von der *Sonatine* bis zum *Tombeau de Couperin* reicht – das heißt von 1905 bis zum Ende des Ersten Weltkriegs –, weist der Stil Ravels keine regelmäßige und stetige Entwicklung auf. So bleibt zum Beispiel *Introduction et Allegro* für Harfe vom Jahre 1906 weit hinter der *Sonatine* von 1905 zurück und könnte auch aus der Zeit der *Scheherazade* stammen; anderseits künden die *Trois Poèmes de Mallarmé* vom Jahre 1913 schon die Tonsprache der Nachkriegszeit an und erinnern aber auch an die *Valses nobles et sentimentales* (1910), die dem *Tombeau de Couperin* vorangehen, das seinerseits wieder an die Zeit der *Sonatine* gemahnt ... Mit dem *Quartett* von 1902 hat sich jedenfalls die volle Meisterschaft offenbart. Während Fauré ganz allmählich und immer im gleichen Sinne vorschreitet, bereichert sich Ravel, schon mit 27 Jahren meisterlich und unfehlbar, oft an zufälligen Gelegenheiten.

Das Vokalwerk Ravels umfaßt in dieser Epoche 26 Gesänge, darunter Chöre, eine Vokalise, harmonisierte Volkslieder und zwei Folgen von Sologesängen: die *Histoires naturelles* und die *Trois Poèmes de Stéphane Mallarmé*. – *Le Noël des Jouets* (1905) wirkt wohl etwas steif, trotz gewisser Feinheiten der Schreibweise und der Klänge, seines kunstvollen Klaviersatzes und einiger schwungvoller musikalischer Ausdeutungen des Textes. – Zu diesem kindlichen Weihnachtsstück stehen die pathetischen Windstöße der *Grands Vents venus d'Outre-Mer* (nach einem Gedicht von *Henri de Régnier*, 1906) in grellem Gegensatz. Nichts in diesem stürmischen Gedicht ist für Ravel typisch: weder die ganz romantische Chromatik der Schreibweise noch die so robusten konzertanten Bässe, die im Ausdruck an die «Poèmes de Baudelaire» von Debussy erinnern. Der Gesang beginnt wie der erste Satz einer Sonate und schließt mit einer None, als deren oberer Ton ein C thront – nach der großen Weite und den unendlichen Horizonten des Heimwehs zu geöffnet –, das darauf verzichtet, sich in die Dominante aufzulösen.

Und nun die fünf *Histoires naturelles* (1906) und ihr plapperndes Vogelhaus, der Karneval der Tiere, ihr Hühnerhof, erfüllt von Piepen und Schwätzen und mit verstreuten Federn. Zunächst der *Pfau*, eine Art von Hochzeitsmarsch, dessen komisch-feierlicher Rhythmus schon die ganze Majestät des *Konzerts für die linke Hand* ankündigt und dessen Akkorde das Rad schlagen; dann die Glissandi auf den schwarzen Tasten, in Gegenbewegung, die *L'Heure espagnole* ahnen lassen, an der Ravel zur gleichen Zeit zu weben beginnt.

Der Grandezza dieses edlen Geflügels folgt, in der *Grille*, das Trippeln eines kleinen Insekts. Mit ihren übermäßigen Quinten, großen Septimen und Nonen, naturalen Undezimen, kündigt die *Grille* in ihrer Art *L'Heure espagnole* an, wie diese beiden absteigenden Folgen ersichtlich machen:

Eine ganze andere und zu Anfang ganz impressionistische Stimmung herrscht im *Schwan*. Hier bilden die Sechzehntel-Septolen, die flüssigen Arpeggien, die Haltetöne, der lebhafte Charakter der H-dur-Tonart um die Singstimme einen leuchtenden Nebel, der an *Scheherazade* und an die *Jeux d'Eau* erinnert. Die Akkorde fluten wie weiße Wölkchen zwischen Himmel und Erde, und die ungeraden Rhythmen, die die Septolen den geradtaktigen Bässen entgegenstellen, umhüllen die Töne mit einer Art flockigem Dunst, der alle Konturen verschwimmen läßt. Aber wenn am Schluß der *Grille* alles Scherzen im nächtlichen Frieden eines feierlichen reinen Dreiklangs verstummt, so ist es hier im Gegenteil der Spott, der die flutenden Arabesken erstickt; die Flüssigkeit der Arpeggien vertrocknet; boshafte, knappe, ernüchternde, prosaische Akkorde, schneidende Deklamation, scharfe, trockene Rhythmen spießen die ruhenden Wölkchen auf und zerstören sie. – Der *Eisvogel* ruft, wie man sagen könnte, mit seinen zusammengepreßten Tonballungen und seinem sonderbaren Rauschen die Erinnerung an gewisse Herbststimmungen Debussys wach. Auch hier wieder, zum drittenmal, eine Übereinstimmung mit der heranreifenden *Heure espagnole*:

Nach diesem geheimnisvollen Hirtengedicht explodiert auf einer falschen Note eine Bombe: das Gackern des *Perlhuhns*. Man weiß, daß diese wild und ohne Vorbereitung aufeinanderprallenden, hart dissonierenden Septimen (gis gegen g, a gegen as) die *Alborada* erfüllten. Hier erzeugen die Tonwiederholungen, die scharfen Staccati, die Mordente und Glissandi eine Turbulenz, die dem Pathos des *Pfaus* ebenso entgegengesetzt ist wie dem Tick-tack der *Grille*.

Diesen fünf Tiersilhouetten folgten 1907 ein galantes Fest und eine Vokalise. *Sur l'Herbe* (für Gesang und Klavier, nach einem Text von *Verlaine*) ist die einzige Begegnung Ravels mit einem Dichter, der Debussy und Fauré zu vielen herrlichen Schöpfungen inspirierte. War es etwa die Verwahrlosung Verlaines, die unserem strengen Handwerker so wenig zusagte? Wir wissen aber, daß er Watteau, die Menuette und Mahlzeiten im Grase, keineswegs verachtete ... Jedenfalls fühlt man unter den langweiligen Arpeggien der Mandoline, unter den zusammenhanglosen galanten Redensarten, unter aller Ziererei, eine streng geformte und ihrer Absichten genau bewußte Musik.

Von 1907 an zeigen sich bei Ravel Einflüsse des Exotischen und der Folklore. Dies wird zuerst in der *Vocalise en forme de Habanera* deutlich mit ihrer schwermütigen, unaufhörlichen andalusischen Melodie, fast gleichzeitig mit der *Rhapsodie espagnole* und *L'Heure espagnole* (in deren Schlußquintett die gleichen Gesangsverzierungen auftreten). Dann aber besonders in der Harmonisierung der *Cinq Mélodies populaires grecques*. Da ist zuerst das anmutige *Lied der Braut*, mit seiner so zarten und feinen harmonischen Umhüllung; *Là-bas vers l'Église*, ein Wunder an Knappheit und Zurückhaltung; das köstliche *Lied der Pistazienpflükkerinnen*, ganz durchtränkt von sanften Akzenten und der leisen Beharrlichkeit einer «sixte ajoutée». Dem etwas melancholischen Zauber dieser drei Gesänge stellt *Quel Galant m'est comparable* das etwas kahle Licht und die Offenherzigkeit einer einfachen Erzählung entgegen, unterbrochen durch eine Art bäuerischen Refrain, in dem man das hohe Kreischen der Pfeifen zu hören glaubt; fast ebenso unmittelbar im Ausdruck ist *Tout gai*, mit seinen symmetrischen Strophen und seinem straffen Zweivierteltakt, der gelegentlich durch einen eingeschobenen Dreivierteltakt aufgelockert wird.

In den gleichen Bereich sind die *Quatre Chansons populaires* einzuordnen, die 1910 in dem vom «Haus des Liedes» in Moskau veranstalteten Wettbewerb preisgekrönt wurden. Ihre monotonen Strophen, ihre Frische und Natürlichkeit lassen ihren Ursprung in der Volksmusik erkennen. Zunächst die *Chanson espagnole*, so ausgesprochen modaler Natur, in einem Genre, in dem Ravel so Ausgezeichnetes geleistet hat. Hören wir nur jene Gitarren-Refrains, die in d-moll zu stehen scheinen und die mit ihren dichten Akkorden, ihren nervösen Arpeggien, ihrem trockenen Klang und ihren harten Staccati Improvisationen gleichen. Dann die *Chanson italienne*, von der wohl anzunehmen ist, daß Ravel bei ihrer Harmonisation lächeln mußte, denn die römische Gewichtigkeit dieser Kanzone ist kaum mit dem *Perlhuhn* und den anderen spöttischen Vögeln in Übereinstimmung zu bringen. C-moll, die Tonart des romantischen Pathos. Und wieviel Übertreibung in den pompösen Triolenfiguren, in den höchst konventionellen Kadenzen, in den gewaltigen Gegensätzen zwischen «Forte» und «Piano»! Aber man sollte nicht zu genau sein: dieses römische Lied ist wahrlich die Quintessenz der Emphase, das Pathetische in seiner stärksten Verdichtung. – An die Stelle der spanischen Melancholie und der italienischen Beredsamkeit tritt in der *Chanson française* jene überlegene Klarheit, jener strahlende Reiz, die sozusagen die Prosa des Herzens ausmachen. Hier ist alles Ordnung und hinreißende Leichtigkeit; die Molltonarten werden von dem alltäglichen C-dur abgelöst, von dem durchsichtigen C-dur, freundlich und vertraulich wie ein Frühsommer-Nachmittag in der Provinz: einige Quartsextakkorde, die alltäglichsten Intervalle, eine ruhige Walzerbewegung – wie der Rauch einer kleinen Stadt, der ganz gerade zum hellen Himmel aufsteigt ... Das Herz krampft sich einem zusammen, wenn man nach diesem milden Himmel des Loire-Tals die wilde orientalische Färbung der *Chanson hébraïque* betrachtet, die nach jeder Strophe von einer Art geistlicher Psalmodie unterbrochen wird, die auf feierliche reine Dreiklänge basiert ist.

Nach dieser Chanson treten wir an die beiden wunderbaren *Mélodies hébraïques* vom Jahr 1914 heran, die durch Madeleine Grey berühmt geworden sind, und zunächst an das Totengebet *Kaddisch*, in c-moll, dessen pathetische Gesangslinie sich über einem liegenden G entfaltet; das Gebet wird auf rasch angeschlagene gebrochene, harfenähnliche Akkor-

Zeichnung von Toulouse-Lautrec zu den «Histoires Naturelles»

de gestützt, über denen die Singstimme ihre ekstatischen Vokalisen entwickelt und sich dabei zu höchster Leidenschaft steigert. Störrisch, ängstlich und etwas zynisch hinkt das zweite Lied (*Das ewige Rätsel*) mit seinen Dissonanzen einher und stellt der biblischen Feierlichkeit das linkische plebejische Wesen des jiddischen Jargons entgegen. Durch welches Wunder unbewußter Einfühlung konnte Ravel so tief in jenes Gemisch von Humor und Bitterkeit eindringen, aus dem sich die jüdische Angst zusammensetzt?

Die *Trois Chansons* für gemischten Chor a capella (1915) knüpfen mehr an die Volksmusik der Gegend von Limousin an. *Nicolette* ist gewiß kein trauriges Lied und auch kein zynisches Nichts: ein Thema, gefolgt von drei Variationen – der des Wolfes, des Pagen und des reichen Barbon (zweifellos ein Verwandter des Don Iñigo der *Heure espagnole*); so werden uns die Abenteuer des boshaften kleinen Rotkäppchens erzählt. Man beachte in der vierten Strophe im Baß die komischen Dissonanzen, die den alten Abenteurer ankündigen, ebenso die kapriziösen Stimmungsänderungen, die die frische, phantastische Erzählung begleiten! Im allgemeinen kommt auf jede Silbe eine Note, wie in den Volksliedern, und vor allem in der heiteren *Ronde*, in der Knaben und Mädchen mit Greisen und Greisinnen dialogisieren. Von den drei Chören ist der kunstvollste und der am meisten in die Zukunft weisende zweifellos der von den *Trois beaux Oiseaux du Paradis*, eine ganz zarte, herrliche Ballade, deren schwebender Klang und transparenter Satz und deren einfache Linearität von dem etwas äußerlichen Ungestüm der *Ronde* abstechen. So wie der Pfau der *Histoires naturelles* die *Heure espagnole* und ihren Iñigo Gomez ankündigt, so lassen die *Oiseaux du Paradis* die vollkommene Kahlheit von *L'Enfant et les Sortilèges* ahnen.

Und schließlich noch ein Heft Gesänge, das zwar schon 1913 entstand, aber mehr noch als die *Beaux Oiseaux du Paradis* in die Zukunft weist: In den *Trois Poèmes de Stéphane Mallarmé* (für Gesang, zwei Flöten, zwei Klarinetten, Streichquartett und Klavier) zeigt sich Ravels Neigung für Kammerensembles, die später auch in den *Chansons madécasses* hervortrat. Von den drei Stücken ist *Soupir*, mit seinen rieselnden Zweiunddreißigstel-Arpeggien – die offensichtlich den Septolen im *Schwan* gleichen, das «impressionistischste»: von 1901 an, dem Jahr der *Jeux d'Eau*, bis 1913 – über den *Schwan, Une Barque sur l'Océan* (1906), *Ondine* (1908), und dem Tagesanbruch in *Daphnis* (1911) – entwickelt sich geradezu eine Ästhetik des Flüssigen. Aber die melodischen Linien haben dennoch etwas Klares, Hartes, Schneidendes an sich, das nicht trügt: das dekadente Schmachten der neunziger Jahre ist endgültig aufgegeben. Das wird noch deutlicher in *Placet futile* (dem zweiten der Mallarmé-Gesänge), dessen preziöse Galanterie an *Sur l'Herbe* erinnern könnte, wenn die Melodie nicht manchmal so stechend werden würde: Zeigt diese Entwicklung nicht gewissermaßen den ganzen Abstand zwischen der schwelgerischen Hingabe Verlaines und der schönen Strenge Mallarmés? Auch die Musik hat jetzt Zähne bekommen. In dem dritten Gesang – *Surgi de la Croupe et du Bond* – läßt sie die helle, unfreundliche hohe Lage des Klaviers mitschwingen, zu dissonanten Haltetönen, wobei aggressive Überschichtungen der Tonarten die Eigenart des Gesamtklangs noch verstärken.

In fünf Jahren (1905–10) hat Maurice Ravel die Klavierliteratur um einige seiner größten Meisterwerke bereichert. Die *Sonatine*, das früheste dieser Werke, ist schon von höchster, wunderbarster Vollendung. *Sonatine* heißt sie wegen ihrer bescheidenen Dimensionen – drei Sätze anstatt der üblichen vier, und vor allem wegen der kompositorischen Anlage, die ganz die gleiche ist wie in den *Épigrammes* (1898, Texte von Marot), absichtlich grell und ohne Benutzung der tiefen Lage, außer am Schluß des Menuetts mit dem machtvollen Eintritt der Bässe. Ein harmloser Gesang in fis-moll, der dann auch gleich die Töne des Cis-dur-Dreiklangs durchläuft, erhebt sich anmutig über pochenden Achteltriolen, die diesen abendlichen fis-moll-Himmel durchzucken. Plötzliche Pianissimi, zarte Verfärbungen, plötzliches Aufblitzen! In das melancholische Erbeben mischt sich, wie im *Quartett*, ein heiteres Prickeln, ein unmerkliches Lächeln: man ertappt dieses Lächeln in den zarten,

Als Lastwagenfahrer an der Front, 1916

schwerelosen Quinten, in den fein akzentuierten Wiederholungen und endlich auch in den hellen Terzen des Schlusses. Das Menuett in Des setzt dieser sanften Unruhe seine feierlichere, prunkvollere Heiterkeit entgegen. In der gleichen koketten Art wie im *Quartett* läßt das im Stil einer Toccata angelegte heitere Finale die harmlose Melodie des ersten Satzes wieder aufklingen; eine Reminiszenz an diese Melodie war schon in den wenigen langsamen Takten, die das Trio des Menuetts bildeten, zu hören. Im Finale unterstreicht diese Wiederkehr jenen funkelnden Abstieg reiner Dur-Dreiklänge, der schließlich in dem purpurnen Klang von Fis-dur verrieselt.

Wenn die *Sonatine* der keuschen Ursprünglichkeit des *Quartetts* nahesteht, so liegen die fünf Bilder, aus denen sich die *Miroirs* benannte Suite von 1906 zusammensetzt, in der impressionistischen Linie der *Jeux d'Eau*. Ein schönes Bilderbuch, erfüllt von machtvoller, traumhafter Phantasie, von Meeresstimmungen, Vogelrufen, düsteren Landschaften, Gitarrengeklimper ... in der warmen andalusischen Nacht! *Noctuelles*, das erste Stück, ist das Gedicht des Fließenden: alles ist hier Auflösung, Gleiten, Verflüssigung; auf dem lockeren Untergrunde von Durchgangsnoten schwirren in mattem Zickzackfluge große Nachtschmetterlinge und schlagen in der Abendluft mit den Flügeln wie blinde, verirrte Vögel. Sich auflösende Rhythmen, Klänge, die abwechselnd dunkeln und wieder aufstrahlen, und dann die hellen chromatischen Streifen, wie in Liszts «Waldesrauschen» ... hier sucht sich alles, tappt umher und flieht wieder. Aber diese Züge sind schärfer und leuchtender und härter geformt als in den *Jeux d'Eau*. – Die Melancholie der *Oiseaux tristes* (zweites Stück der *Miroirs*) ist zweifellos mehr statischer Art. Dort war alles Flucht, Rennen und Verfolgung; hier dehnen sich die Vogelrufe zwischen zwei Läufen und spreizen sich dann dissonant über den bewegten Bässen: jenes träumerische Es wird zeitweilig zu Dis und verharrt so bis zum Schluß über den frei übereinander geschichteten Linien. – Die Schreibweise ist ebenso zerstückelt, wie die der *Barque sur l'Océan* (drittes Stück der *Miroirs*) flüssig und stetig erscheint. Hier haben wir eine Verherrlichung der Arpeggien: Dieses rieselnde Wiegenlied mit seinen gebrochenen Akkorden, über denen Quarten, Quinten und Sekunden schweben, gemahnt an das große Wiegenlied des Ozeans und an das Schwanken einer Barke, die die Wände der Wassertäler hinauf- und hinabklimmt. Zu dieser statischen, sehr verschmolzenen und, wie im *Allegro für Harfe*, zart umhüllten Anlage steht die Trockenheit der *Alborada del Gracioso* (viertes Stück) in heftigem Gegensatz. Hier vertieft Ravel die harten, dunklen Züge, und der Nebel der gehaltenen Töne zerstreut sich und legt die harten, beißenden Staccati bloß: den großen, schäumenden Wogen, dem Sprühregen der Arpeggien, folgt das kurze Anreißen der Gitarrensaiten. Wir haben hier zu unterscheiden: 1. Das Thema des eigentlichen Tanzes, in d-moll, der in der Orchesterfassung zwischen Harfen und Streichern (pizzicato) aufgeteilt ist und mit sich selbst Haschen spielt; in den flüchtigen Nachahmungen gibt sich öfters die Grundbetonung zu erkennen; 2. ein vielgestaltiges Motiv, dessen

Kostümentwurf von Léon Leyritz für «Ma Mère l'Oye»

Grundform eine Sechzehntel-Triole ist, die allerlei Masken annimmt und alle möglichen Kapriolen vollführt; die ausdrucksvolle Soloerzählung (in der Orchesterfassung dem ersten Fagott anvertraut), die das Ständchen in zwei Hälften teilt und mit ihren gewundenen Vokalisen um gewaltige, dichte Tonzusammenballungen kreist; dieses, dem Trio eines Scherzos vergleichbare Rezitativ spielt die gleiche Rolle wie die Tonadilla in den Stücken von Granados. Am Schluß hämmert das Thema des Rezitativs seine Töne in scharfen Dissonanzen dröhnend unter das Hauptmotiv. – Das letzte Bild in diesem Spiegel, *La Vallée des Cloches*, ist zweifellos das früheste Stück des Zyklus; dies läßt sich aus seiner ganz romantischen Grundstimmung schließen; dennoch kündigt dieser so intensiv lyrische Gesang, der in ganzer Fülle zwischen einer doppelten

Hecke von großen Sekunden dahinfließt, auch schon *Daphnis* an. *La Vallée des Cloches* ist eine Huldigung für die Quarten, die gleiten, dann wieder stocken und verharren wie ferne Geräusche im Talgrunde. Läßt dieses «Tal» nicht, im Gegensatz zu der scharfen Zeichnung der *Alborada*, noch etwas von der weichen künstlerischen Haltung erkennen, die Ravel 1906 gewiß schon aufgegeben hatte?

Der Zeitraum 1906 bis 1908 zeigt den ganzen Abstand an zwischen dem schamhaften Debussysmus der *Miroirs* und der ganz persönlichen Tonsprache und blendenden Meisterschaft von *Gaspard de la Nuit*. Das erste Stück – *Ondine* – ein wunderbar ausdrucksvoller Erguß, entfaltet sich unter einem rauschenden Tremolo von Zweiunddreißigsteln; sieben Kreuze sind vorgezeichnet, und überall finden sich Schauer von Arpeggien ... Der Gesang der Nixe tönt durch dieses Rieseln unzähliger Quellen. Welcher Reichtum an Phantasie, welche Genauigkeit in der Zeichnung, und vor allem, welcher Fortschritt an kraftvoller Gestaltung seit den fernen Zeiten der *Jeux d'Eau*! Die durch die pianistische Anlage der *Ondine* bedingte Muskelspannung lockert sich nur, um der nervösen Spannung von *La Gibet* (zweites Stück der Gruppe) Platz zu machen: die Glocke läutet hier nicht mehr das Angelus wie im friedlichen Tal der *Miroirs*, sondern das Totengeläute für die Gehenkten; teuflische Zusammenklänge sind an die Stelle der ruhigen Abendkonzerte getreten, und die schwebende Fläche der Haltetöne der *Oiseaux tristes* ist hart geworden wie ein Brett. – *Scarbo* (das dritte Stück), der boshafte Zwerg, bildet ein Gegenstück zu *Ondine*: nach den tausend Tröpfchen nun Funkengarben, und ehe noch der letzte Funke verglimmt, stellt sich schon eine gewisse elektrische Trockenheit ein, wie wenn man über ein Katzenfell streicht, und nervös wiederholte Töne durchzucken mit plötzlicher Gewaltsamkeit das Scherzo.

Als Reaktion gegen die harmonischen Komplikationen und die üppige Akkordik im *Gaspard* zeigt *Ma Mère l'Oye* (komponiert 1908 für Klavier zu vier Händen, 1912 in ein Ballett umgewandelt) das erste Bemühen um jene einfache Linearität, die, in Übereinstimmung mit der schlichten Monodie Saties, die Werke der Zeit nach dem Ersten Weltkrieg immer mehr anstreben. Den fünf kleinen Stücken, die die Klaviersuite bilden, ist in der Orchesterfassung ein *Präludium* und ein *Spinnrad-Tanz* vorausgestellt; ferner sind sie durch Zwischenspiele verbunden. Die «Ouvertüre» gibt, wie es sich gebührt, keimhafte Andeutungen aller Motive des Werkes: Zunächst übereinandergeschichtete Quinten, unter denen eine Art kleiner Fanfare ertönt, die man das Thema der Verwandlungen nennen könnte, denn es tritt zwischen den einzelnen Bildern und in der Schlußapotheose wieder auf; über den Quinten erscheint zuerst die Pavane in veränderter Harmonisierung, dann das Thema des Däumlings und schließlich im Baß, als dissonanter Streifen, das Grunzen des Ungeheuers. Die Fanfare des Anfangs wird wieder aufgenommen, die Rufe antworten einander kanonisch im Abstand der Quarte ... all das ergibt eine Art melodischer Kakophonie, sehr analog dem Vorspiel zur *Heure espagnole*. – Nach der *Danse du Rouet* erklingt, in der Tiefe, die Pavane, die aber diesmal nicht einer verstorbenen Infantin, sondern einer schlafenden Prinzessin gilt, die von einem Glockenspiel sanft in ewigen Schlaf gewiegt wird ... Dann erscheint der Walzer der Prinzessin, aber zunächst in Achteln und im Dreivierteltakt; nach verschiedenen Tremoli und Glissandi, die diese Aufforderung zum Tanz ausschmücken, beginnen die anmutigen «Gespräche». Das schnaubende Ungeheuer grölt in der Tiefe seine schwerfällige Achteltriole. Das Thema der Prinzessin erscheint wieder, gellend, durch den Schreck verändert, in hoher Lage in Fis-dur, während in der Tiefe das galante Gestammel des Ungeheuers immer leidenschaftlicher wird und sich bis zum Fortissimo steigert, in dem der Kontrapunkt der Versöhnung geschlungen wird: Das Thema des Ungeheuers flicht nun beruhigt seine Triole ungezwungen unter die Kantilene der Prinzessin. Ein großes Glissando nach oben ... Der böse Zauber hat ein Ende: die Maske fällt, die Liebenden sprechen sich aus; die chromatische Triole, die nun die Triole des jungen Prinzen geworden ist, verflüchtigt sich nach oben und wird vom Thema der Prinzessin abgelöst. – Das Thema des Däumlings (*Petit Poucet*) gibt sich nach verschiedenen Orchesterkunststücken – Glissandi, Tremoli, Hornrufe – zu erkennen, und dann die kleinen, ganz schüchternen und braven Terzen, die als Brotkrümelchen den Weg bezeichnen; sie steigen aufwärts in immer längeren Skalen, wie verirrte Kinder, die zwei zu zwei wandern und sich dabei an der Hand halten und im Dunkeln nach dem Weg suchen. – Kaum sind die Kinder im Wald verschwunden, so leitet eine Kadenz der Harfe, und dann der Celesta, das Ballett der barocken Spiele und Chinoiserien ein: Gebimmel auf den schwarzen Tasten, nach Vorbild der «Pagodes» Debussys, der kleine, «wahrhaft chinesische» Marsch der *Laideronnette* (Aschenbrödel) – die Teetasse in *L'Enfant et les Sortilèges* wird später ein ebenso anmutiges Chinesisch reden –, das Intermezzo entwickelt sich mit seinen längeren Notenwerten kanonisch und bringt ein Melisma, in dem man unschwer die eindringliche Stimme des *Quartetts* wiederfindet:

In kunstvollem Kontrapunkt wird dieses ausdrucksvolle Melisma mit dem Geklingel der Pagoden verflochten. Das Thema der Verwandlung, unter dem eine Andeutung der Pavane ertönt, kündigt das Erwachen der schlafenden Prinzessin an. Alles ist jetzt zur Verwandlung in den Zaubergarten (*Jardin féerique*) bereit. C-dur, befreit von allen Zusätzen, so wie das wirkliche Leben von den schlaftrunkenen Träumen – das so ernste, so einfache, so edle C-dur bestrahlt die ruhige Pracht dieser Apotheose ... und zwölf Takte hindurch läuten C und G den Schluß ein; im triumphalen Glanze der Glissandi und der schicksalhaften Quinten löst sich der Zauber in Segen auf.

Die *Valses nobles et sentimentales* (1911) sind von eigenartiger Härte. Sie haben etwas Klares und Säuerliches, Durchsichtiges und Eckiges an sich, das auf die Zeit der *Poèmes de Mallarmé* hinweist.

Der Walzer, der ausdrucksvollste und leidenschaftlichste aller Tänze, bildet hier preziös heitere Figuren. Er, der bei Liszt und Chopin mit allen Gluten der Seele erfüllt war, zeigt sich hier in spitzen Akkorden, durchsetzt mit Tropfsteinen und feinen Nadeln. Der erste Walzer, offen und energisch, setzt sich entschieden in G-dur fest, über dem alterierten Dominantseptakkord, in dem Eis hart an Stelle des Fis erklingt, während Ais, Cis und Dis einem Fis-dur-Akkord angehören, in dem die sechste Stufe Dis mitschwingt im Querstand zu dem D im Baß. Keine Förmlichkeiten, keine Verzierungen, kein überflüssiger Takt! In seiner symmetrischen, klaren und unentwegten Führung kündigt dieser Walzer das Rigaudon des *Tombeau de Couperin* an, mit dem er auch die scharf herausgemeißelten Phrasen gemeinsam hat, die Verbeugungen gleichen, und auch Häufung von Nonenakkorden – Akkorden aus fünf Tönen, die aus vier übereinander getürmten Terzen gebildet werden. Mit Hilfe der Dissonanzen, der großen Septime und der Nebennoten, bildet sich in diesem Stück eine Art elektrischer Strom; der Ländler Schuberts, aus dem dieser Walzer hervorgegangen zu sein scheint, lugt und grimmassiert bei all diesen scharfen Reibungen hervor. – Wenn der erste Walzer mehr «noble» als «sentimentale» war, so ist der zweite mehr «sentimentale» als «noble». – Der dritte Walzer, in e-moll (Parallele der Ausgangstonart), ragt aus allen hervor; es ist ein besonderer Genuß für den Pianisten, unter dem Schleier der grellen Noten, in dieser «Blumensprache», die kunstvolle Naivität der «Trois Valses oubliées von Liszt zu entdecken, aber auch den Bergamasker Zauber von Fauré. Man spürt, daß dieser dritte Walzer und der wunderbare Tanz des Lyceion in *Daphnis* beinahe gleichzeitig entstanden sind ... Der vierte hat sehr stark «Walzercharakter», mit seinem lebendigen Dreivierteltakt, seinen überraschenden Modulationen, seinen geschmeidigen und gewundenen Linien, deren große Septimen gelegentlich an eine der «Saudades do Brasil» von Darius Milhaud erinnern. – Der fünfte (in E-dur) ist ein langsamer Walzer, voll verführerischem Rauschen. – Flink und behende beschreibt der sechste Walzer (in C-dur) große Kreise, steigt und fällt, erschlafft und stützt sich auf die Bässe, die ihn durch ihre geradtaktige Betonung irrezumachen suchen. – Aber alles kommt wieder in Ordnung, und der siebente Walzer klärt die Mißverständnisse auf: als Überleitung und auch als Aufforderung zum Tanz beginnt er mit einem kleinen, improvisatorisch anmutenden Präludium, das allmählich über einem Orgelpunkt auf C ausklingt und dreimal den Schluß des sechsten Stückes variiert. Dann entfesselt der Walzer alles, was Faurés «Valses-Caprices» ihre anmutige Bewegtheit, ihre leidenschaftliche Zartheit und in den Bässen ihre geheimnisvollen Akzente verleiht ... Luftige, hinreißende Lebendigkeit! Welches musikalische Ohr würde hier die linke Hand Faurés und die Leichtigkeit Debussys verkennen? ... Gewisse Gewaltsamkeiten nehmen für Augenblicke die Choreographie von *La Valse* voraus, besonders jenes Fortissimo, das nach einem unwiderstehlichen Crescendo eintritt, in dem Moment, in dem man unter den Lüstern die sich drehenden Paare wahrnimmt ... Im Epilog ziehen Bruchstücke der

Bei Roland-Manuel in Lyons-la-Forêt

Der Garten in Montfort

sieben Walzer vorüber: zuerst der vierte, dann der sechste (einmal in Achteln, einmal in Sechzehnteln), zweimal der erste, ganz leise in der Tiefe, so, als wären die reinen Akkorde nur mehr ein geheimnisvolles Geflüster, dann der dritte (in c-moll) und schließlich der zweite. Einige Flügelschläge noch, immer matter und matter, in den Nebel der weitgespannten Akkorde, über einem Orgelpunkt der Tonika. – Schließlich verhaucht alles, und von den Tollheiten dieser Nacht bleibt nur etwas Tau zurück und der kühle Morgennebel.

Das kammermusikalische Schaffen Ravels zwischen 1905 und 1918 umfaßt nur ein *Allegro für Harfe* mit Begleitung von Streichquartett, Flöte und Klarinette, und das sublime *Trio für Klavier, Violine und Violoncello, Introduction et Allegro* für Harfe (1906) führt uns weit zurück zu dem gefälligen und brillanten Stil des *Manteau de Fleurs* (Stück für Gesang und Klavier aus dem Jahr 1903). Hier wie auch in *Asie* wieder jene rieselnde Flut von Arpeggien. Das Instrument ist dafür besonders geeignet. Auf der Harfe sind ja die Arpeggien viel leichter auszuführen, und deshalb gibt es auch in den für sie bestimmten Stücken so viele. Diese Eigenschaft führt gerne zu einer Art weichlicher Sentimentalität, die Ravel bald zugunsten einer weniger üppigen Schreibweise aufgeben wird. Ein anmutiges Konzertstück, mit seinen kristallklaren Klängen und seiner wogenden, virtuosen Flüssigkeit würdig der bezaubernden Rhapsodie für die B-Klarinette von Debussy. Zu Beginn werden in einer Art träumerischer Improvisation zwei Motive aufgestellt: A, in großen Terzen, schlank zwischen Himmel und Erde schwebend, in Quintschritten auf- und absteigend; bei seiner Wiederholung um einen Ton tiefer wird aus ihm das Thema eines langsamen Tanzes abgeleitet. B, das in der Einleitung nur in einfachen Achteltriolen auftritt, wird zum Träger der im Mittelpunkt des Stückes stehenden Durchführung in Ges. In dem ausdrucksvollen Gesang, der sich entwickelt, erscheint manchmal eine Erinnerung an «L'Indifférent» von Tristan Klingsor (1903). Ein später auftretendes Motiv C wird nach und nach mit Vergrößerungen von B oben und unten verwoben. Die Entwicklung erreicht ihren Höhepunkt in einem großen konzertanten Solo, in dem die Harfe unter schwindelerregenden, schmelzenden Glissandi zunächst in feierlicher Breite B und dann A vorträgt. Dieses Solo leitet in der üblichen Art zur Reprise und zur Coda, in der die Motive B und C allmählich die letzte Steigerung herbeiführen. Wenn die Harmonik nicht völlig konsonant und diatonisch wäre, so könnte man hier stellenweise den bacchantischen Jubel von *Daphnis* vorausahnen ...

Der Fortschritt vom heiteren *Quartett* zum *Trio* vom Jahr 1914 ist ebenso groß wie von den *Miroirs* zum *Gaspard*. Allein schon durch den Hinzutritt des Klaviers überragt das *Trio* an symphonischer Gewalt das entzückende vierfache Tändeln der Streicher im *Quartett*. Das *Trio* ist unvergleichlich gespannter, glänzender, ungezwungener: ein strahlendes Meisterwerk der Reife. Der technische und zyklische Aufbau ist viel weniger durchsichtig als im *Quartett*. Die vier Sätze sind völlig unabhängig voneinander, sie haben keine unablässig entwickelten und variierten Themen gemeinsam; sie sind von verschwenderischer melodischer Fülle. Über einem Orgelpunkt auf E, der Dominante von a-moll, entwickelt das Klavier, zunächst allein, dann durch die Streicher verstärkt, eine völlig schwerelose Gesangsmelodie, die durch ihren unbestimmten Rhythmus und ihre zarten Dreitonakkorde noch schwebender wird. Zwei Strophen – Thema und Gegenthema –, die sozusagen die beiden Verszeilen des Liedes darstellen, bilden die ersten zwölf Takte (A) des Stückes. A moduliert nach F-dur, wird variiert und geht dann in ein zweites Thema B über, dessen wiegender Rhythmus und kindliche Natürlichkeit an die Pavane der *Belle au Bois dormant* gemahnen; das Thema wird zunächst von der Violine in A-dur und dann vom Violoncello in D-dur entfaltet, worauf in der linken Hand des Klaviers in tiefer Lage ein dumpfer Widerhall von A ertönt: man könnte von den leisen Schritten eines fernen Tanzes reden, von dem Geräusch der Filzsandalen, die des Nachts auf dem Rasen aufstampfen ... Manchmal verdoppeln die Streicher einander im Abstand von zwei Oktaven, und dieser weite Raum schafft geradezu orchestrale Klangeffekte. Die verkürzte Reprise geht in eine wunderbare Coda über, in der das erste Thema immer ferner und geheimnisvoller erklingt und schließlich allmählich in C-dur, der Durparallele der Grundtonart, verhaucht. – Die Stelle des Scherzos nimmt hier der geistsprühende «Pantoum» ein (im Malaiischen bedeutet «Pantoum» gesangliche Deklamation mit Instrumentalbegleitung). Drei Hauptthemen werden gegeneinander ausgespielt: eines, das mit seinen Tonwiederholungen und seinen grausamen Staccati an Bosheit dem *Scarbo* gleichkommt, das zweite fast romantisch und das dritte, das in langen, sehr ausdrucksvollen Notenwerten dem ersten einverwoben wird. Im Gegensatz zu diesem brillanten Spiel, das die *Valses nobles* in den Schatten stellt, gemahnt das Largo in Gestalt einer Passacaglia an den edlen Ernst von *Anne qui me jecta de la Neige* (das zweite der *Epigramme* nach Marot, vom Jahr 1898); ein fast feierlicher Gesang schwillt an und geht allmählich aus der linken Hand des Klaviers in das Violoncello über und dann in die Violine; inmitten des Stücks erreicht er seinen Höhepunkt, wird dann, nach Kadenzen sehr in der Art von *Ma Mère l'Oye*, immer freier und baut sich dann mehr und mehr ab, um schließlich die lineare Einfachheit der Rezitation des Anfangs wieder zu erreichen. Nach diesem *Hommage à Rameau* setzt im Finale ein langes Rondothema ein, in ungeradem Takt und geziert mit hellen, flatternden Tremoli. Dieses heitere, in zwei symmetrischen Strophen gestaltete Thema verstummt, um im Klavier einer Art triumphalem Päan Raum zu geben, den die Streicher mit einem Trillergefunkel auf Cis begleiten. Der prachtvolle Glanz dieser Fanfaren und die Folgen paralleler reiner Dreiklänge in verschiedenen Tonarten wie auch die allgemeine Helle der Klangatmosphäre von A-dur geben schließlich dem *Trio* eine malerische Lebendigkeit der Farben, deren Üppigkeit in völligem Gegensatz steht zu den verschatteten Farben des *Streichquartetts in F-dur*.

Mit der *Rhapsodie espagnole* schreibt Ravel 1907 zum erstenmal wieder unmittelbar fürs Orchester. Eine unablässig wiederholte absteigende Linie von vier Tönen – F-E-D-Cis –, unter der, dissonant, geheimnisvolle Sekunden gleiten, drückt im *Prélude à la Nuit* (1. Satz der Rhapsodie) die Mattigkeit des Endes eines heißen Tages aus. Alle «Düfte der Nacht» der «Iberia» Debussys, die ganze fieberhafte Poesie, die de Falla mitternachts in den Gärten Andalusiens eingesogen hat, vereinen hier ihre Ausströmungen und ihre nächtliche Sehnsucht. Zitternde Pianissimi, Traum einer Sommernacht! – und welch intensive Poesie in jener Kadenz, die sich wie ein Kreisel in der Tiefe dieser andalusischen Nacht dreht, in dieser grellen Schlußwendung, die träge auf der sechsten Stufe der Tonart anhält! Die *Malagueña* (2. Satz), ein Tanz aus Malaga im dreiteiligen Takt, die hier als Scherzo dient, erscheint in ihrem ständigen Stimmungswechsel rhapsodisch, das heißt sehr phantastisch und ziemlich unzusammenhängend. Es sind zu unterscheiden: 1. ein sehr schneller Tanz im Dreivierteltakt; 2. ein sich bald verlangsamendes Thema in fis-moll (später in dis-moll), dessen Tonrepetitionen an den Klang der Gitarre erinnern und dessen frische Septimen einen köstlichen, scharfen Duft haben; 3. ein üppiger Gesang, vergleichbar der Copla der *Alborada*, dessen Triolen, wie die Windungen einer sanften Vokalise, die *Malagueña* zu einem vertraulichen Erguß werden lassen; 4. die sichelförmige Tonreihe des *Prélude*, die träumerisch zwischen der Copla und der raschen Schlußwendung hin und her gleitet. – Es ist bekannt, daß die wunderbare *Habanera* aus den *Sites auriculaires* (zwei Klavierstücke Ravels für zwei Klaviere zu vier Händen aus dem Jahr 1895) unserer Rhapsodie als Andante (3. Satz) dient. Noch heute wird man kaum müde, die wehmütige Anmut dieser weitgespannten gebrochenen Akkorde zu bewundern, die eine Auflösung in G oder C vermuten lassen, sich aber über einem Orgelpunkt der Dominante stauen und dann weich zurückfluten, nur etwas Schaum um die Töne zurücklassend. – Der heitere Finalsatz *Feria* ist vielleicht von Debussys «Iberia» beeinflußt, die ihm knapp voranging. Diese *Feria* verwendet fünf volkstümliche Motive: A, als Einleitung; B, hüpfend, durch Kastagnetten-Geklapper skandiert; C, an ein Stück von Albéniz erinnernd; D, ebenfalls sehr katalanisch, grölt seinen Refrain zuerst unterhalb und dann oberhalb von C; E, anfangs wie von einer Drehorgel durchgemahlen, dann gellend, kreischend, hoch über einer Variation von D. – Ein großes Tutti, in dem man B in C-dur und reinen Dreiklängen erkennt, dann A, durchrüttelt nun das Orchester, das mit allen seinen Zimbeln aufhüpft. Wie in der *Malagueña* unterbricht auch hier eine Tonadilla den heiteren Rausch des Tanzes: dieses Intermezzo, langsamer Walzer in Fis, entfaltet eine sehr ausdrucksvolle Kantilene, die langsam zur Tonika absteigt. Nun erscheinen einige Fragmente aus der einleitenden Serenade, durchsetzt mit den Terzen von C und dann mit B verwoben. Stark alterierte Akkorde (in der Art des *Trios*) führen die Schlußsteigerung herbei, in der das Notturno mit seinem wehmütigen Vierton-Motiv, in fiebrige Achteltriolen gegliedert, zunächst den Baß bildet, der durch Fragmente aller Themen der *Rhapsodie* kapriziös kontrapunktiert wird. Ebenso wie der Schwung Chabriers ist hier auch ein gewisses tragisches Element erkennbar, das *La Valse* prophetisch anzeigt. Dies ist kennzeichnend für diese hinreißende *Feria*, in der selbst die Wildheit und die Übertreibung der Kontrolle des Geistes unterworfen sind.

Daphnis et Chloé (1911) will als eine «choreographische Symphonie» gelten, die aus fünf Hauptthemen geformt ist: A, errichtet über einem Gerüst von sechs Quinten, das gewissermaßen als Titelblatt dient und über dem Grundton A (als Orgelpunkt) ein scharf dissonierendes Dis erklingen läßt, während hinter der Szene der Chor das Thema B bringt, wie einen Ruf der Natur; C, das Liebesthema des Daphnis, erhebt sich fast gleichzeitig über dem gleichen Chorklang als Basis; D, das Thema der Chloe, das vierte der Symphonie, erscheint viel später, in der Gestalt eines anmutigen Walzers. E, Geschmetter der Trompeten, das man als das Thema der Seeräuber bezeichnen kann, tritt am Schluß des ersten Teils auf. Trotz der Strenge des thematischen Aufbaus und der einheitlichen Tonart A-dur entspricht *Daphnis* ganz dem Aufbau eines Balletts, das heißt einer Folge von Tänzen, die durch den Faden einer konventionellen Handlung miteinander verknüpft sind: ein religiöser Tanz, der ein wenig steif anmutet und der mit seinen Wiederholungen, seinen großen Arpeggien, seinem langsamen Fortschreiten allen religiösen Tänzen, allen schulmäßigen Kantaten gleicht; Tänze der jungen Mädchen, dann Tänze der jungen Männer, die dann durch die anmutigsten Kontrapunkte vermählt werden; grotesker Tanz des Ochsenhirten Dorkon, dem der leichte Tanz des Daphnis in Form eines Gondelliedes entgegentritt; der Wettkampf schließt mit der Apotheose von C, das, wie in Opernduetten, herrlich erstrahlt im goldenen Heiligenschein des mit geschlossenem Munde hervorgebrachten Chorklangs. Eine verkürzte Reprise des Vorspiels, eine freie Kadenz der Klarinette, eine flüchtige Reminiszenz an den Tanz des Daphnis und in der Tiefe Andeutungen von Thema C kündigen Lyceion, die griechische Salome und ihren Schleiertanz an. Wie sollte man ungerührt bleiben bei diesen großen Septimen, dieser zarten, zweifellos vom *Quartett* herkommenden Stimme, die man schon zweimal gehört hat – im *L'Indifférent* der *Scheherazade* und im Intermezzo der *Laideronnette* (in *Ma Mère l'Oye*)?

Aparte Tremoli, über denen sich A in sehr dissonanten Zusammenklängen entfaltet, folgen der Entführung der Chloe durch die Seeräuber und gehen den merkwürdigen Ballungen, den hartnäckigen Orgelpunkten des Tanzes der Nymphen voraus. Der erste Teil des Balletts schließt mit einem ziemlich gewundenen Chor a cappella, bei dem B in Gegenbewegung den Vordergrund bildet, während hinter der Szene Trompeten Thema E erklingen lassen. – Das zweite Bild, das im Lager der Seeräuber spielt, erinnert zunächst an Chabriers «Gwendoline» und an Borodins «Fürst Igor»: in dem barbarischen Marsch, der die erste Szene mit dem Thema E beherrscht, erkennt man die Rufe der Wikinger und der Polowetzer. Im Gegensatz zu diesem kriegerischen Getöse – wilde Rufe, Waffengeklirr, dumpfe Tritte, Rhythmen der Reiter – ist das dritte Bild zunächst ganz von nächtlicher Stille erfüllt. Nur das leise Rieseln der Bäche, die sanft von den Felsen träufeln, ist hörbar. Dann, beim ersten Aufdämmern des Tages, beginnen die Konzerte der Vögel, und bei dem leisen Wehen des Morgenwindes erscheinen am Rande des Horizontes, wie bei Debussy, die Läufe der Flöte eines Hirten, ein köstlicher Gesang, gestützt auf das hinter der Szene erklingende Thema B, entsteigt den Tiefen der ganzen Natur und erreicht unwiderstehlich seine

L'heure Espagnole

Cl. Nadar.

L'Heure espagnole, *le brillant petit acte de M. Franc-Nohain, pour lequel M. Maurice Ravel écrivit une partition du plus curieux intérêt, peut se prévaloir justement d'une interprétation hors de pair. En effet, Mlle Vix, étrange et troublant Zuloaga, a apporté dans la composition du rôle de Conception l'originalité précieuse qui la classe parmi les meilleures comédiennes lyriques de notre époque. M. Jean Périer, dont le talent multiple se plaît dans la variété, est toujours l'admirable chanteur et l'admirable acteur que chacun sait. MM. Delvoye, Coulomb et Cazeneuve contribuèrent certes pour beaucoup à la réussite de cet ouvrage très applaudi.* Au milieu de la page : M. PÉRIER ; à gauche en haut : M. PÉRIER ; en bas : Mlle VIX ; à droite en haut : M. COULOMB ;

Verherrlichung, nachdem sich die Themen der Chloe und des Daphnis endlich vereinigt haben. Die Erklärung des Hirten Lammon, eine der raffiniertesten Stellen im Werke Ravels, geht der Parabel von Pan und der Syrinx voraus, und wie uns Roussel die Geburt der Lyra schildern wird, so singt Ravel (in Fis-dur) von jener der Flöte in einem Habanera-Rhythmus, bei der die Bässe eine große wehmütige Vokalise der Flöte stützen; mit weiten, ausgeschmückten Akkorden, die jeden Augenblick den Anschein erwecken, sich in G-dur aufzulösen und gleichzeitig gegen diese Tonart anzukämpfen. Das Thema A erscheint in seiner ursprünglichen Tonart inmitten von grandiosen Rufen des Themas B, um die Rede des Daphnis anzudeuten, der Einleitung des Bacchanales am Schluß des Werkes. Dieses strahlende und dionysische Stück endet wie mit leuchtenden Blitzen, die an die «Péri» (von Dukas) und an den «Feuervogel» (von Strawinsky) gemahnen, als «Feria» – analog der *Feria espagnole* – in wohlgeordnetem jubelndem Zusammenklang aller Rhythmen.

Nur zweimal hat Ravel Musik fürs Theater geschaffen. Das erste Mal geschah es 1907 mit *L'Heure espagnole*. Drei Hauptmotive sind an der Führung des musikalischen Geschehens beteiligt, das trotz einer Andeutung einer Reprise wohl den äußersten Grad der Zerstückelung und der Unstetigkeit erreicht: das erste dieser Motive, das auf einem Orgelpunkt auf E einsetzt und in zuweilen hart dissonierenden Quartsextakkorden geführt wird, ist nichts anderes als das Thema der Uhren, mit ihrem Zubehör an Schnurren und Läuten; es drückt, wie Roland-Manuel es nannte, «die Seele des Zauberladens» aus. Das zweite, sehr «kämpferisch» angelegte Motiv, kennzeichnet den Maultiertreiber Ramiro; es könnte sich verflüchtigen, den dreiteiligen Takt annehmen wie ein Walzer, sich über einem Orgelpunkt der Tonika entfalten ... nie würde es ganz seine sportliche Haltung und seine straffen Rhythmen verlieren. Das dritte, von vier Hörnern eingeführte Motiv ist eine Art vornehmer Marsch, der alle Auftritte des Don Iñigo, des verliebten Dickbauchs, begleitet. Ist dieser Iñigo nicht eine Wiedergeburt des Pfauen der *Histoires naturelles*? Der Schluß des Werkes mit seinem prachtvollen Vokalquintett bildet ein Gegenstück zu dem melodischen Wirbel der Einleitung: eine Habanera in G-dur, die drei Strophen umfaßt; die dritte ist ganz volkstümlich gehalten; die zweite, in g-moll, unterstreicht die gewundenen Vokalisen, mit denen die Darsteller das Publikum ansingen. Der groteske Iñigo Gomez der *Heure espagnole* lebte später im Corregidor des *Dreispitz* (von de Falla) wieder auf. Ravel hat de Falla den Weg gewiesen.

1918–1937

In der Zeit nach dem Ersten Weltkrieg ist im Schaffen Ravels nicht mehr die geradlinige Entwicklung wahrzunehmen wie in der Vorkriegszeit. So bedeuten, während die Schreibweise im allgemeinen immer härter und aggressiver wird, die drei *Don Quichotte à Dulcinée* benannten Gesänge, der *Boléro* und die *Konzerte* (insbesondere das *für die linke Hand*) in gewissem Sinne eine Rückkehr zur Gefälligkeit. Es ereignet sich manchmal in einem strengen, konzessionslosen Leben, daß der Künstler einige Augenblicke in der Oase der Gefälligkeit verweilt. Das sind dann die abendlichen Klänge. Selbst die immer strengere Disziplin, die sich Fauré in seiner Spätzeit auferlegte, kannte – etwa in der *Zwölften Barkarole* in Es-dur und im *Vierten Präludium* in F-dur – Augenblicke der köstlichen Selbstvergessenheit ... Sogar der harte Debussy der «Épigraphes» und der «Zwölf Etüden» ließ sich gelegentlich durch zarte Jugenderinnerungen erweichen. O menschlicher, allzu menschlicher Debussy!

Mehr noch als Fauré kannte Ravel solche köstliche Willensentspannung. Und dennoch muß man feststellen, daß alle seine Werke nach 1918, inbegriffen das so klare, durchsichtige, luftige *Klavierkonzert in G-dur*, in ihrer Art nur die Rückkehr zu jener Einfachheit zeigen, die der späte Bergson lehrte. Ravel nahm damit nicht nur gegen die Komplizierung der Satzweise der Schule d'Indys Stellung, die er schon in der *Sonatine* der *Chanson limousine* und im *Petit Poucet* negiert hatte, sondern auch gegen seine eigenen harmonischen Komplikationen. Zunächst verzichtet er auf die wuchtigen Bässe der «Grands Vents venus d'Outre-Mer»: die Gesangslinie der «Violinsonate» und des «Epitaphs» von Ronsard (*Ronsard à son Âme*, für Gesang und Klavier, 1924) schweben in der Luft, ohne durch die Begleitung allzu fest in der Tiefe verankert zu sein. Die entlegenen Tonarten – das Fis-dur des *Manteau de Fleurs* und der *Laideronnette*, das Cis-dur der *Ondine* – werden von einfacheren Tonarten abgelöst: vor allem von e-moll, dem bläulichen e-moll der letzten Werke Faurés, im *Tombeau de Couperin*, und der Paralleltonart G-dur (*L'Enfant et les Sortilèges, Klavierkonzert, Violinsonate, Berceuse sur le Nom de Fauré, Chanson à boire, Menuett* im *Tombeau*) und von dem Paar a-moll – C-dur (*Duo für Violine und Violoncello*), wie schon in der *Pavane* und im *Jardin féerique*, den Randstücken von *Ma Mère l'Oye*. Der nachgiebigen, farbigen und schon ganz melodiösen Tonerde, die sich widerstandslos formen läßt, zieht Ravel jetzt den harten, kalten Stahl vor. Er unterdrückt heldenhaft in sich die Vorliebe für vollen, reichen, vibrierenden und farbigen Klang, wie er im Finale des *Trios* oder in der *Rhapsodie espagnole* festzustellen war; dafür als Zeugnis das Lied der Prinzessin (in *L'Enfant et les Sortilèges*), eine vollkommen kahle Arabeske, kontrapunktiert zu einer Flötenkantilene; ebenso wie in *Rêves* (Stück für Gesang und Klavier, 1927) oder in der Fuge des *Tombeau de Couperin* schweben die beiden Stimmen hier zwischen Himmel und Erde; im Verlauf dieser luftigen Neckerei übersteigt die Unterstimme gelegentlich die obere, woraus sich Verknotungen, harte Unisoni und scharfe Reibungen ergeben – weiter: die Härten der *Sonate für Violine und Violoncello* (1920–22), die einfache Linearität von *Nahandove* (die erste der *Chansons madécasses*, 1925/26) und der dritten *Chanson madécasse*. Man könnte sagen, daß der Geschmack an der einstimmigen Linie, an der fadenförmigen Schreibweise und am zweistimmigen Kontrapunkt bei Ravel wie bei Satie jener «Rückkehr zur Zeichnung» entspricht, die

Cocteau nach dem Krieg predigte und die Guillaume Apollinaire seinerseits freudig bei Matisse begrüßte. Diese Verdünnung des Melodischen kündigte sich schon in den *Trois beaux Oiseaux du Paradis* an, und auch in *Nicolette* (gemischter Chor a cappella, 1915), wo der Faden der Melodie sich allmählich auf einen Punkt – die Tonika – zusammenzieht. Erinnern wir uns auch noch an die *Passacaglia* des *Trios* und an die *Berceuse sur le Nom de Fauré*, in der die Tonballungen und Akkorde, die sie verzierten, immer lockerer werden und die Kantilene immer schlichter, bis sie schließlich in die Einfachheit des Anfangs zurückfindet. Auch in der *Ondine* gab es einen sehr feierlichen Augenblick, in dem der Zusammenklang der unzähligen Quellen und Arpeggien verstummte und sich die Stimme der Nixe ganz allein, ganz zart inmitten der Stille erhob. Es ist die gleiche Stimme, die zu Beginn des dritten Bildes von *Daphnis* in der Morgendämmerung ertönt, verschmolzen mit dem Gesang der Vögel und dem Murmeln der Bäche. In seinen letzten Jahren gefiel sich der so ökonomisch gewordene Ravel darin, diese Stimme der *Ondine*, dieses Rezitativ der Seele, dieses Solo innerhalb der Stille weiterzuspinnen.

Diese Vereinfachung der Redeweise, dieser Widerstand gegen harmonische Üppigkeit kennzeichnen auch die Entwicklung Faurés. Aber abgesehen davon, daß Fauré niemals auf die samtene Weiche der tiefen Töne verzichtete, scheint es, daß er mit jener Vereinfachung einem inneren Ideal folgte. Der nervösere, aggressivere Ravel spielt mit dem Ärgernis und mit dem wilden Aufrauschen; die scharfe Bitonalität ist bei ihm eine Art Herausforderung. Ravel hat Einflüssen nachgegeben, die an Fauré spurlos abglitten; als der Jüngere wurde er auch von den fieberhaften Nachkriegsströmungen – Erotik, Neurasthenie, Maschinenkult – erfaßt, die keinen Augenblick die olympische Heiterkeit Faurés trübten. Dann ist Ravel auch von den abstrakten Versuchen Schönbergs angezogen worden, und die *Trois Poèmes de Mallarmé* (1913) zeugen dafür, daß diese Anziehung schon vor dem Krieg stattfand; daher kommt vielleicht auch die wachsende Vorliebe für kleine Instrumentalensembles wie in den *Trois Poèmes* und in den *Chansons madécasses*, aber auch bei Strawinsky, von den «Berceuses du Chat» und den «Pribaoutki» bis zur «Histoire du Soldat». – Vom ersten der *Valses nobles* an herrscht ein gewisses Bestreben, die Bässe in Quarten aufsteigen zu lassen, ein Bestreben, das sich noch deutlicher im dritten der *Chansons madécasses* zeigt und vor allem im Andante der *Duosonate*, in der die Tonalität schließlich völlig im dunkeln gelassen wird. Ravel hatte ein zu genießerisches Gehör und einen allem Systematisieren zu abgeneigten Geist, um sich dauernd einer allzu strengen und antihedonistischen Richtung anzuschließen. Es war die unersättliche Neugierde eines Genießers, der alles versuchen möchte, die ihn von 1913 an dem «Pierrot lunaire» Schönbergs nahebrachte: in der Weise, daß selbst die Polytonalität für ihn eine neue und besonders feine Art der Auszierung wurde. Im gleichen Sinne wie Schönberg hat ihn übrigens Gershwin interessiert. Der gleiche Geschmack am Neuen hat ihn auch zur Music-Hall und zum Jazz geführt. Er hat die amerikanische Negermusik sicher sehr genos-

Lithographie von Luc-Albert Moreau zu den «Chansons madécasses»

sen. Das zeigen die Foxtrotts und Bostons in *L'Enfant et les Sortilèges* und die wehmütigen Blues, die das Andante der *Sonate für Klavier und Violine* formten. Jener Einfluß war auch schon im Finale der «Sonate in g-moll» von Debussy zu spüren, und ohne ihn wären weder «Parade» von Satie, die «Rag-Caprices» von Milhaud, der «Ragtime» und die «Piano-Rag-Music» von Strawinsky entstanden.

Das Klavierwerk Ravels beschränkt sich in der Nachkriegszeit auf das *Tombeau de Couperin* (1917) und die beiden *Klavierkonzerte* (1932). Das als Suite angelegte *Tombeau* beginnt mit einem köstlichen Präludium in wirbelnden Triolen. Die Fuge ist ein grelles Scherzgespräch, dessen Thema zuerst in der rechten Hand in E und dann in der linken Hand in H erscheint, ein Quart unterhalb; dann wird es mit einem Gegenthema kontrapunktiert, das an seinen Achteltriolen kenntlich ist. Die beiden Stimmen treten einander entgegen, plaudern, werden umgekehrt, verlieren sich einmal in der Tiefe; nach verschiedenen Finessen erlischt der heitere Dialog schließlich in der Mittellage des Klaviers. Die melancholische und edle Forlana gleicht mit ihren dissonanten harmonischen Alterationen einem Wiegenlied, dessen Wellenbewegungen drei Intermezzi umschließen und das in einer sehr ungnädigen Coda endet.

Das markige, vollklingende C-dur des Rigaudon bildet einen sehr angenehmen Gegensatz zu jenem etwas vergilbten Adel; bemerkenswert die Heftigkeit der Kadenzen, die ganz unerwartet die Auflösung in C herbeiführen, in dem Augenblick, in dem der Tanz in G oder F schließen zu müssen scheint; die ländliche Anmut des Intermezzos, das die Stelle des Trios einnimmt, unterbricht für eine Weile das Rigaudon. Das anmutige Menuett steigert sich in seiner «Musette» bis zu einem beinahe pathetischen Fortissimo; dann wird in allerliebster Art das Thema des Menuetts mit den reinen Dreiklängen einer nach Dur gewandten Musette verwoben. Das Menuett mündet schließlich in eine sehr wohlgesittete Coda, die einen gewissen Zusammenhang mit der Anmut des frühen Debussy aufweist. Die rauschende Toccata bringt neuerlich eine Anzahl der technischen Schwierigkeiten, die sich in *Scarbo* fanden: Tonrepetitionen, alternierende Terzen, enges Zusammenwirken beider Hände; ein sehr gehämmerter, glänzender und durchsichtiger Klavierklang, aber vielleicht weniger phantasievoll als der des *Scarbo*.

Obwohl die beiden Klavierkonzerte gleichzeitig entstanden, sind sie im Charakter sehr verschieden. Trotz gewisser Äußerlichkeiten ist aber das *Konzert in G-dur* nicht in höherem Maße «Ravel» als das *Konzert in D-dur (für die linke Hand);* wahr ist nur, daß die eigenartige Begrenzung, die das letztere sich auferlegen mußte, in der Anlage zu einer Demonstration des pianistischen Könnens führte, woraus sich ein dekorativer, fast grandioser Charakter ergab, der in jeder Weise dem überschwenglichen Jubel des *Konzerts in G-dur* entgegengesetzt ist. Das *Konzert in D-dur* wird ohne Unterbrechung gespielt, obwohl sich in ihm deutlich drei Sätze – Andante, Scherzo und Finale – unterscheiden lassen. Es beginnt mit einem wirren Gebrodel von Quarten in Sextolen im Baß, aus dem sich, wie der Walzer in der choreographischen Dichtung von 1919, langsam eine Art majestätischer Marsch erhebt. – Das *Konzert in G-dur* (für Klavier zweihändig) hingegen beginnt unmittelbar in den hohen Regionen, den durchsichtigsten und strahlendsten des Klaviers und des Orchesters; denn hier konzertiert das Klavier schon vom ersten Takt an: statt eines geheimnisvollen, improvisatorischen Tastens in den Bässen hört man hier, durch bitonale Arpeggien des Klaviers, eine Art heiteren, fast volkstümlichen Liedes. Im *Konzert in D-dur* hämmert die linke Hand, nach einem imposanten Einsatz, feierlich den Rhythmus des Triumphmarsches der Einleitung und reiht die Akkorde auf, die in unserem Konzert, wie ein Portikus, eine Art monumentalen Kolonnadengang bilden. Das Orchester nimmt diesen von unwiderstehlichem Schwung getragenen Päan im Tutti auf. Das auf die Form eines symphonischen Intermezzos reduzierte Andante kann sich hier nicht so breit entfalten wie das E-dur-Andante in dem anderen Konzert. Dort singt das Klavier ein weitausströmendes, heiteres, prachtvolles Lied, das vom Orchester dann aufgenommen wird, pianissimo begleitet von Zweiunddreißigstelläufen, die auf dem Klavier gleichmäßig und ruhig auf- und absteigen wie ein milder Regen. – Das *Konzert in G-dur* schließt mit einem fanfarenartigen Rondo, während das *Konzert in D-dur* noch eine

Art tänzerisches Scherzo einfügt, mit Ragtime-Viertelpausen, einem ostinaten Baß und zahlreichen rhythmischen Scherzen. Alles manchmal etwas äußerlich, aber klar und hartklingend.

Das Vokalwerk der Nachkriegszeit umfaßt *Ronsard à son Âme* (1924), ein echtes antikes Epigraph, und, auf einen Text von L.-P. Fargue, *Rêves*, die an die «Proses lyriques» von Debussy erinnern, ein sehr verwirrender Gesang mit seiner scheinbaren Bravheit und am Schluß mit dem rauhen, bitonalen Dis in den Bässen.

Das charakteristischste Vokalwerk der Nachkriegszeit sind aber die 1925 von Madeleine Grey uraufgeführten *Chansons madécasses*, entsprechend den *Histoires naturelles*, die das Vokalwerk der impressionistischen Epoche dominierten. Das Instrumentalensemble ist noch sparsamer als das der *Trois Poèmes de Mallarmé*: nur eine Flöte (statt zwei), keine Klarinetten, ein Violoncello (statt des Streichquartetts) und Klavier. Der Zyklus ist wahrhaft von exemplarischer Klarheit: die Stimme singt kaum, und ihr Rezitieren scheint manchmal überhaupt keine Beziehung zu dem Sinn der Worte zu haben; die offensichtliche Unabhängigkeit der übereinandergeschichteten Linien schließt übrigens die genaue Anpassung der Singstimme an die Rhythmen der Begleitung nicht aus. In *Nahandove*, einem nächtlichen Liebeslied, erscheint zunächst ein wiegender Rhythmus, dessen Quart und große Septime in vielen Spätwerken Ravels vorkommen – in *Rêves, L'Enfant et les Sortilèges* und in der *Sonate* für Klavier und Violine:

Rêves *Nahandove* *Sonate* *L'Enfant et les Sortilèges*

Dann treten keuchende, scharf punktierte Rhythmen auf und wieder das keusche Wiegenlied, kaum berührt von dem Schmachten im Text. – Das zweite Stück – *Aoua* – ist nur ein Schrei, ein rauher, wilder, dissonierender Schrei, der manchmal an die verzweifelten Rufe des *Pierrot lunaire* erinnert; alles krampft hier das Herz zusammen: die grausame Bitonalität, die drohenden Rhythmen und jene Bässe, die die Todesangst umschleicht. – Nach diesem Geheul entfaltet die dritte Chanson (*Il est doux*) eine schlanke Flötenkantilene, die sehr frei in Quartenintervallen fortschreitet und in ein ruhiges Notturno in Des-dur mündet. Dem Kriegslärm ist friedliches Ausruhen gefolgt, der große abendliche Friede, das einfache Tätigsein des Alltags.

Im Gegensatz zu den Raffinements der *Chansons madécasses* sind die drei 1934 auf recht anspruchsvolle Texte komponierten Chansons *Don Quichotte à Dulcinée* mehr volkstümlich gehalten und weniger substanzreich. In der *Chanson romantique* und der *Chanson à boire* (1. und 3. Chanson) hört man gern das Ritornell des Gonzalve, des verliebten Dummkopfs der *Heure espagnole* anklingen. Aber wohin sind die rie-

Don Quichotte. Nach einem Holzschnitt von Gustave Doré

selnden Appoggiaturen vom Jahre 1907 gekommen? – Die etwas steife *Chanson épique* (2. Chanson) nimmt die Haltung eines Kirchenliedes an.

Das späte Instrumentalschaffen Ravels enthält zwei Sonaten, die eine wesentliche Etappe seiner Entwicklung anzeigen. Aber nennen wir vorerst die Werke geringerer Bedeutung. – Da ist zunächst eine feine *Berceuse sur le Nom de Fauré* (1922) für Violine und Klavier; der Charakter der «Berceuse» wird aber nur durch ein Nebenthema gewahrt, das meist von der Violine in hoher Lage gespielt wird, während die linke Hand des Klavierparts in C- oder G-dur die zwölf Töne des Namens Gabriel Fauré angibt und die rechte Hand bitonale Akkorde oder dissonante große Septimen greift. Zum Schluß erklingt im Klavier, ohne Bässe und begleitet durch einfache oszillierende Sekunden der Geige, das Grundthema gleichsam in kindlicher Einfalt – und die *Berceuse* erlischt in den sanft erklingenden falschen Tönen – Fis oder Es, die über der Tonika G vibrieren. – *Tzigane* (1924), ursprünglich komponiert für Geige und Luthéal, ist zwar eine richtige Rhapsodie, wirkt aber auch wie ein Kranz von Variationen, die ohne Übergang aneinandergereiht sind. Nach einem großen konzertanten Vorspiel (Lassan), in dem die Geige verschiedene Virtuosenkünste – Läufe, Pizzicati, Triller, Mordente – entfaltet, lockt eine gewaltige Kadenz des Luthéal die Reihe der traditionellen zigeunerhaften Improvisationen – Friska, Csárdás – hervor. Das Solorezitativ der Geige entwickelt allmählich ein langsames, feierliches und etwas schwülstiges Thema in heftiger, zigeunermäßiger Färbung und ein zweites, ausdrucksvolleres, mehr tänzerisches, das sich in b-moll ausbreitet. Dieses Rezitativ, dessen sehr ungleiche Notenwerte von der Halben bis zur Zweiunddreißigstel reichen, wird von dem unvermeidlichen gesanglichen Rubato abgelöst, einer sehr zarten Phrase, die aber bald ihre Kraft verliert und in fiebrige Vokalisen übergeht. Gegen Ende wird die Rhapsodie immer ungeduldiger, durchquert fieberhaft nacheinander alle möglichen Tonarten, ohne sich in einer festzusetzen; zigeunerhafte Verzierungen – Gruppen kleiner Noten und gellende Triller der kleinen Sekunde – und auch harte Dissonanzen schmücken diese Stretta in der denkbar glänzendsten Art.

Das *Duo* in Form einer Sonate für Violine und Violoncello (1920) ist vielleicht das außerordentlichste der Meisterwerke Ravels. Im ersten Satz sind vier Hauptmotive zu unterscheiden:

A, eine Akkordzerlegung, wird von der Geige eingeführt; nachdem es achtmal in seiner wiegenden Bewegung wiederholt wurde, nimmt es bald den Charakter einer bloßen Verzierung oder ausschmückenden Begleitung an. Über diesem Motiv webt das Violoncello in A-dur (und dann die Geige in der Oberquart D-dur) von sechsten Takt an ein Ge-

genmotiv B, dessen scheinbare Harmlosigkeit etwas an *Ma Mère l'Oye* erinnert. Das dritte Motiv (C) erscheint in gleichmäßigen Vierteln in der Geige, und das vierte (D), in h-moll, gemahnt an jene alten französischen Rundgesänge, deren Heiterkeit im Schaffen Francis Poulencs aufstrahlt. Aus B werden noch mehrere Nebenmotive abgeleitet. Die beiden Stimmen verschlingen sich unablässig kontrapunktisch, während die vier Motive in ihren Wiederholungen Tanzfiguren auszuführen scheinen. Das Scherzo, eine Art aggressiven Spiels, wie der Pantoum des *Trios* und das Intermezzo des *Konzerts für die linke Hand*, aber kahler und schärfer, exponiert zunächst ein erstes Thema, das nichts anderes ist als eine Andeutung von A, in Viertelnoten, pizzicato von beiden Instrumenten abwechselnd vorgetragen. Das zweite Thema (B) erinnert – wie D – an ein volkstümliches Rondeau. Wie die Passacaglia des *Trios* sich aus der tiefen Lage des Klaviers erhebt, so entsteigt das Adagio der Sonate den Tiefen des Violoncellos und geht dann in eine ganz in das nüchterne Grau von a-moll gehüllte Phrase der Geige über. Dann erscheint wieder das Motiv D mit seinen ungebärdigen Septimensprüngen. Schließlich wird der Gesang der Geige wieder aufgenommen, über melancholischem Pochen des Violoncellos, und die Meditation erfüllt sich

Erste Manuskriptseite der «Violinsonate»

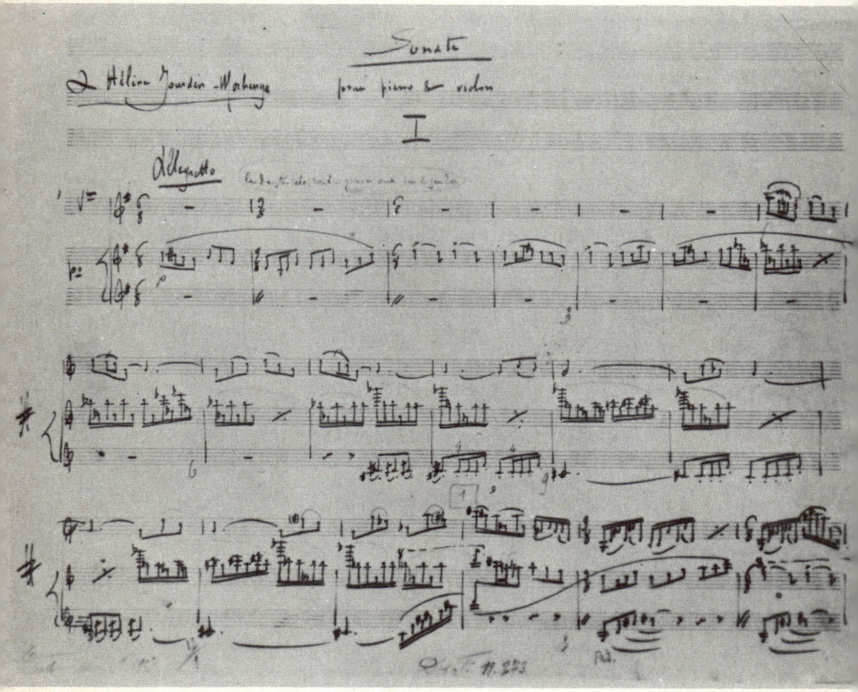

in einer geheimnisvollen Quartenbewegung in der Tiefe. Im Finale treten außer den Nebenmotiven drei neue Themen auf: A″, das sich im kraftvollen Rhythmus des Violoncellos von Oktave zu Oktave erhebt; B″ entwickelt sich im Gegenrhythmus, getragen von einem Triller des Violoncells; C″, in Fis-dur, gespielt mit der Spitze des Bogens des Violoncells und dann begleitet von Tremoli der großen Septime, ist wieder ein «fröhlicher Marsch». Die Geige nimmt C″ in A-dur auf, begleitet von reinen, chromatisch absteigenden Dreiklängen im Tremolo des Violoncells, und verwebt schließlich C″ mit A″. Im Finale erscheinen dann auch zwei Themen aus dem ersten Satz: Zunächst A im echoartigen kanonischen Wechselspiel zwischen Geige und Violoncello, und dann das atonale Thema D, das vom Violoncello boshaft zur zweiten Hälfte von C″ kontrapunktiert wird.

Während die *Sonate in a-moll*, mit den beiden Streichinstrumenten, den Eindruck gewaltiger Dichte und polyphoner Fülle erweckte, nahm die *Sonate für Violine und Klavier in G-dur* (1923/27) im Gegenteil die Form größter Schlichtheit an. Sie ist Hélène Jourdan-Morhange gewidmet, die sie auch zur Uraufführung brachte. In einem langgezogenen Rhythmus im 6/8- und 9/8-Takt singt das Klavier zunächst das pastorale Thema A in G-dur, das dann von der Violine in der Oberquint aufgenommen wird, über pochenden Oktaven des Klaviers. Unter den Oktaven B der rechten Hand intoniert die linke jetzt das Thema (B), an dem die staccato ausgeführten Tonwiederholungen bemerkenswert sind. Es folgen dann die herben Quinten des *Epitaph für Ronsard* und aus *L'Enfant et les Sortilèges*, die ein drittes, sehr ausdrucksvolles Thema (C) stützen. Ferner die Themen (D), in reinen Dreiklängen, die im Klavier etwas feierlich einander gegenübergestellt werden, und (E), als weitgesponnener Gesang von der Violine in der Reprise vorgetragen. Dies ist die Thematik des ersten Satzes, in dem das so herrlich einfache Duo zwischen dem Kind und der Fee (aus *L'Enfant et les Sortilèges*) wieder auflebt und der sich schließlich in ein anmutiges Geplauder, zu dem die Bässe des Klaviers verstummt sind, auflöst. Schwermütige «Blues» formen das Andante, und ein «Perpetuum mobile» bildet das Finale. Die unaufhörliche Bewegung entspricht bei Ravel dem Presto der Romantik und einer Neubelebung der Virtuosität Paganinis. Nach einer Wiederaufnahme von Thema B, das mit der letzten Septime der Blues verknüpft wird, schließt das Perpetuum mobile mit dem bukolischen Thema A, das in Viertelnoten vergrößert und in Quinten verdoppelt wird; die letzten Takte stehen in einer gewissen Beziehung zu der Schlußwendung des *Quartetts*.

La Valse (1919) ist, gemeinsam mit dem *Boléro* (1928), das einzige rein symphonische Werk der Nachkriegszeit. Es ist keine ausschließlich symphonische Dichtung im Sinne Liszts, sondern ein Ballett, dessen choreographische Handlung die Stelle der langen Programme einnimmt, die der Philosoph und Metaphysiker Liszt an die Spitze seiner Kompositionen setzte. 1919 ist auch das Jahr des Friedensvertrages ... Welcher Gegensatz zu den *Valses nobles et sentimentales*, mit denen sich ein Musiker 1910 leichtsinnig über «das Handgemenge» erheben wollte! Der veränderte Ton läßt die Katastrophe ahnen, die die Welt erschütterte und das alte und neue Europa trennte. Der Komponist von *La Valse* ist nicht mehr ein Kunstliebhaber, der sich nach «unnützen Tätigkeiten» umsieht ... Es ist daher nicht mehr eine Folge von Tänzen, wie in *Adélaïde*, sondern ein einziger Walzer, ein großer tragischer Walzer, ganz für sich allein, und zugleich «noble» und «sentimentale»; aber diesmal im Ernst. Aus ist es mit den Rigaudons, Badinages und den Vergnügungen im Freien! Wenn auch in *La Valse* öfters die acht Walzer von 1910, insbesondere der siebente, zitiert werden ... das bedeutet nichts: in diesem gewaltigen Crescendo, das durch die Reprise zweigeteilt wird, ist ein Element der Angst enthalten. Die Melodie des Walzers entsteigt im zwölften Takt dem Nebel, sie steigert sich nach und nach bis zur Raserei, stößt hintereinander alle Tonarten, die sie berührt, ab und erreicht schließlich eine Unruhe und Härte, die mit noch größerer Wildheit an die keuchenden Schlußwendungen der *Alborada* und des *Daphnis* gemahnen und die am Ende der *Tzigane* auftretende Entkräftung anzeigen.

Zum zweiten- und letztenmal komponierte Ravel 1925 für die Bühne. Auch *L'Enfant et les Sortilèges* (1920–25) bringt in der Handlung jene

Kostümentwurf von P. Colin für den Geist der Mathematik aus «L'Enfant et les Sortilèges»

Aufzählung, die die Choreographen so lieben und die ein wenig das darstellt, was man ein «Thema in Schubfächern» nennen könnte, wie etwa in *Scheherazade*, in der die einzelnen Erzählungen der Sultanin aneinandergereiht sind. Die Folge der Zauberdinge (sortilèges) entspricht hier den Träumen der Florine in *Ma Mère l'Oye*, den Blumen-Allegorien in *Adélaïde*, den Tänzen in *Daphnis* und schließlich den einzelnen Episoden in *L'Heure espagnole*. Es gibt hier keine «Themen», wenn man nicht die beiden zarten Akkorde so nennen will, die «Mama» bedeuten und die anfangs durch die Bosheit des Kindes entstellt werden, dann aber am Schluß wiedererscheinen: zunächst zaghaft, dann feierlich, wie eine Botschaft der ganzen Natur, zärtlich und wohlklingend, wie die Güte selbst. Nie zuvor ist die Tonsprache Ravels so voll Bosheit gewesen: die verzerrten Akkorde der Pendeluhr, das Kreischen des biederen Geistes der Mathematik und die scharfen Sarkasmen, die die Partitur in allen Oktaven mit ihren schrillen Lauten erfüllen. Die Sprache der *Adélaïde* lebt hier wieder auf, vor allem in der Szene mit den Katzen, in deren kläglichen Akkorden man ein untrügliches Echo des fünften Walzers, des langsamen, und des sechsten hört, die beide im achten verschmolzen sind. Aber mehr noch lebt *Ma Mère l'Oye* hier wieder auf: in jener melancholischen Pastorale in A-dur. Da sind auch wieder jene auserlesenen Septimen! Der sehr amerikanische Walzer der Libellen kündigt seinerseits wieder die Undezimen des *Konzerts für die linke Hand* an. Und damit die Liebe das letzte Wort hat, lauschen wir scharf jenem Schlußchor, in dem hinter den vergrößerten Quinten (statt Achteln Viertel) des Vorspiels die Stimme eines zarten Herzens ertönt. Aber wem ist zu glauben? Dem kunstfertigen Musiker oder dem Dichter? Dem Konstrukteur all dieser Präzisionsmechanik oder dem leidenschaftlichen Lyriker? Wie haben wir uns zwischen den Sarkasmen des Geistes der Mathematik und dem so sanften, mütterlichen Gesang zu entscheiden?

Schaffenseigenheiten

«Oh! Ich sehe deutlich in mein Herz.»
Marivaux

Wenn man der Musik Ravels lauscht, wird einem klar, daß Frankreich nicht immer das Land des Maßvollen ist, sondern viel öfter noch das Land der leidenschaftlichen Maßlosigkeit und des scharfen Paradoxons. Es gilt, alles zu erleben, was ein Geist in einer bestimmten Richtung erleben kann, aus gewissen Einstellungen alle Konsequenzen, ohne jede Abschwächung, zu ziehen. Es gilt den Verzicht auf Vorurteile, das Abenteuer, den Skandal ... All das ereignet sich bei diesem kühnen, leidenschaftlichen, phantasievollen Denker, der nicht davor zurückscheut, bis an die äußersten Grenzen seines Könnens zu gehen.

Fern sei uns der Gedanke, Ravel den banalen Drang, alles zu überbieten und alle Rekorde zu schlagen, zu unterstellen. Im übrigen ist die Musik kein Schaffensbereich, in dem man durch Entdeckung neuer Akkorde und durch stufenweise Bereicherung und Komplizierung der Harmonik unbegrenzt fortschreiten kann. Es wäre daher falsch, anzunehmen, Ravel sei in einem «Wettrüsten» über Debussy hinaus begriffen gewesen, in dem ihn Strawinsky dann seinerseits übertroffen habe. Dieser ganz lineare und quantitative Begriff des Fortschritts würde, selbst wenn er in bezug auf das Technische richtig wäre, der Berufung des Kunstrevolutionärs zuwiderlaufen. Und dennoch kann man nicht leugnen, daß die Kühnheit Ravels einer Art «Gesetz der Raserei» gehorchte, die jeder leidenschaftlichen Forschung zu eigen ist. Ravel hat die Grenzen des Unmöglichen ins Unendliche gerückt.

Lust am Abenteuer

Jene Kühnheit Ravels offenbart sich zunächst in der Lust am Überwinden der Schwierigkeiten und in dem hartnäckigen Bemühen um Kraftleistungen; dann im Geist der Kunstfertigkeit. Eine «Ästhetik des Betruges». Der Ausdruck stammt von Roland-Manuel, der tiefer als jeder andere in das Geheimnis dieser Kunst eingedrungen ist. Wir selbst würden vorziehen, von einer Ästhetik der Lust am Abenteuer zu reden,

Ravels Arbeitszimmer in Montfort

denn in dem Ausdruck «Lust am Abenteuer» ist der Gedanke der Gewaltleistung und des eisernen Willens enthalten. Nachdem Ravel eingesehen hat, daß die schönen Dinge schwierig sind, geht er darauf aus, ungewöhnliche, schwierige, paradoxe Bedingungen zu schaffen, die ihm die Herstellung schöner Härte ermöglichen. Da er den romantischen Konflikt zwischen Berufung und Schicksal nie kennenlernte, erfindet er, mangels natürlicher Schwierigkeit, sich auszudrücken, künstliche Hindernisse, die ihn aus zweiter Hand unbeholfen machen: für seinen eigenen Gebrauch schafft er sich willkürliche Gesetze und grundlose Verbote an, freiwillig läßt er seine Tonsprache verarmen, legt sich alle Arten von Einschränkungen und Verkleidungen auf, um mit Sicherheit alles zu erfahren, was der Künstler leisten kann. Der Dichter zwingt sich dazu, in Versen zu reden, und der Musiker unterwirft sich den Regeln der Fuge. Denn diese Begrenzung, die den Ursprung des Müssens bedeutet, ist vor allem ein Spiel des Dichters und des Virtuosen. – Ravel liebte nicht nur die konventionellen Regeln und Verbote, die Buchstaben- und Bilderrätsel, sondern auch die künstlich geschaffenen Gefahren. Denn der Wille ist stärker als der Tod ... Entweder werde ich diese schwierige Sache noch vor dem zehnten Glockenschlag vollenden – diese verdienstliche, ungereimte und uneigennützige Tat – oder mein Gehirn wird verbrennen. Jedes Werk Ravels stellt in diesem Sinne ein bestimmtes zu lösendes Problem dar, eine Kartenpartie, bei der der Spieler zu seinem Vergnügen die Spielregeln komplizierter gestaltete; ohne daß jemand ihn dazu nötigt, legt er sich selbst Fesseln an und lernt, wie Nietzsche sagte, «in den Ketten tanzen» ...

Das ist der Reichtum der Armut. Nennen wir einige dieser Dürftigkeiten, die durch Kunstfertigkeit und Gewaltsamkeit reicher als der Reichtum wurden: Melodische Dürftigkeit, wie in jenem *Boléro*, der uns wie eine Schlange mit seinen starren Augen ansieht und uns bezaubert; der *Boléro*, den Dumesnil mit einer ständigen Wiederholung verglichen hat, hat sich vorgesetzt, eine halbe Stunde Musik mit einem Thema von sechzehn Takten zu erfüllen, ohne Entwicklung oder Variation, nur durch die Veränderung der Instrumentation, das heißt, durch Hinzufügung neuer Klangfarben – Flöte, Klarinette, Oboe, Oboe d'amore, Posaune und Saxophon –, während die kleine Trommel ohne Unterlaß den Rhythmus pocht. Nur der Wechsel der Klangfarben macht die Einförmigkeit erträglich und zeigt überzeugend, was man die Mannigfaltigkeit der Monotonie nennen kann. Es ist ganz einfach, aber es mußte einem einfallen! – Harmonische Dürftigkeit: Das Epitaph *Ronsard à son Âme*, bei dem in einer einzigen Notenzeile absichtlich nichts als reine Quinten verwendet werden: eisige Quinten, harte Quinten, nackt, kalt und glatt, wie der Marmor auf den Gräbern! Man könnte sagen, daß diese einander folgenden Quinten schließlich in ihrer Schichtung den letzten Akkord ergeben, der aus sieben übereinander gelagerten Quinten besteht, vom Grundton A bis zum hohen Ais, wie unter dem Thema A in *Daphnis*. Das Vorspiel zu *L'Enfant et les Sortilèges*, mit der Folge von parallelen Quinten und Quarten in der hohen Lage der beiden Oboen, bedeutet einen ähnlichen Versuch. – Polyphone Armseligkeit, wie in der *Duosonate* für Violine und Violoncello, gewundene Neckerei, bei der zwei kontrapunktische Stimmen sich verfolgen und erhaschen und wieder verlieren, ohne jede Begleitung; hier hat Ravel sich vorgenommen, «eine ganze Symphonie zu gestalten und sich dabei nur des Daumens und des Zeigefingers zu bedienen». Für die Spärlichkeit der Töne und die Dürftigkeit der Akkorde entschädigt er durch die quecksilberne Beweglichkeit der beiden Stimmen, die sich so gebärden, daß sie zu gleicher Zeit überall sein können. Das *Konzert für die linke Hand* hingegen zeigt in der heroischen Tradition eines Liszt und Skrjabin in ebenso geglückter Art, was ein Mensch alles mit den fünf Fingern seiner linken Hand machen kann. – Und nun eine Askese anderer Art: Ravel vertonte mit Vorliebe gewöhnliche oder undichterische Texte: Prosa von Jules Renard, Beschreibungen von Parny, Reime von Franc-Nohain und die trockensten Stellen der «Fêtes galantes» von Verlaine. Ist nicht jene Poesie am verdienstvollsten, die der trockensten Materie abgerungen wurde? Dies gab den *Histoires naturelles* eine so paradoxe Kühnheit, und welch wunderbares Gefühl wußte Ravel aus den einfachen Worten zu gewinnen, die die dritte *Chanson madécasse* beschließen: «Geh und bereite das Essen! ...» Der Solist singt diese Worte «quasi parlando», und es ist einfach wie ein Stilleben von Cézanne – eine armselige Schale auf einem armseligen Tisch – nichts als die armseligen, alltäglichen Dinge.

Noch viele andere Probleme wurden von Ravel gelöst: *La Valse* ist, wie der *Boléro*, eine Crescendo-Studie. Der Anfang des *Konzerts in D-dur* ist eine Studie über die allmähliche Entstehung einer Melodie aus einem brodelnden Chaos und, ebenso wie die Passacaglia, eine Studie über die tiefen Töne. Das gleiche gilt auch von *La Valse*, in der nach und nach alle möglichen Kühnheiten versucht werden. – Vor allem gibt es aber eine Art der Dürftigkeit, aus der jene Besessenheit und Verzauberung, diese Faszination der Unbeweglichkeit, am besten ersehen werden kann. Wir finden sie bei Ravel in den ewigen Wiederholungen des *Boléro*, im ersten Satz der *Duosonate* oder im Scherzo des *Konzerts in D-dur*, mit seinen ostinaten Bässen: die Anwendung der Orgelpunkte – Orgelpunkte der Tonika oder noch lieber der Dominante. Ravel hat diese Vorliebe vielleicht aus dem Studium Borodins gewonnen; aber schon in der «Berceuse» op. 57 von Chopin findet sich ein Orgelpunkt von 71 Takten auf der Tonika (Des), in der Absicht angebracht, uns zu hypnotisieren ... Der phantastische *Gibet* in *Gaspard de la Nuit* schlägt da alle Rekorde; ein Orgelpunkt auf B ist da 52 Takte lang auszuhalten, und doch wird der Pianist keine Sekunde dieses stechenden Tons müde. Der Orgelpunkt Ravels stellt so die feste Achse dar, um die die Harmonien kreisen. Manchmal wird er in einer Lage festgehalten, wie im *Boléro* und in der Pastorale in *L'Enfant et les Sortilèges*, und verschmilzt dann mit dem ebenso hartnäckig festgehaltenen Rhythmus; manchmal wechselt er von Oktave zu Oktave (Menuett im *Tombeau de Couperin, Scarbo, Chanson française, Placet futile*, erster Satz des *Trios*, Menuett der

Der Flügel in Montfort

Sonatine); manchmal verlegt er den dichten Akkorden den Weg, bei denen zwei Tasten gleichzeitig mit dem Daumen gegriffen werden (*Alborada, Barque sur l'Océan, Le Cygne, L'Heure espagnole,* Habanera der *Rhapsodie espagnole,* dritte *Valse noble, Asie, Chanson de la Mariée*), und verhindert so die Auflösung. Da der Orgelpunkt starr ist wie eine Latte, während die Harmonien sich bewegen, ergeben sich scharfe Reibungen, die Ravel geschickt ausnutzt; er wird nicht müde, mit diesen rauschenden Orgelpunkten zu spielen. Muß man hier von einer Besessenheit sprechen, die Ravel mit dem Begriff der Dominante verbindet, oder kommt diese Neigung ganz einfach vom Einfluß der Schlaginstrumente (Tamburin, Baskentrommel) her, die immer nur einen einzigen Ton anschlagen, wie gewunden auch die über ihnen schwebende Melodie sei? Es ist erlaubt, darin vielmehr die heroische Enthaltsamkeit eines Feingefühls zu sehen, das nach gründlichem Studium die Gewohnheit angenommen hat, mit seiner eigenen Schwungkraft sparsam umzugehen.

Künstlichkeit

Die «Künstlichkeit» ist, mit der Lust am Abenteuer, der markanteste geistige Zug Ravels. Für ihn, wie für alle wahren Künstler, wie Chopin und Fauré, ist die Musik nicht ein Teil des Lebens, sondern im Gegenteil ein abgeschlossener Garten, eine zweite Natur, eine magische Umwallung, gleich derjenigen, die die Auguren weihten und die zur Scheinwelt der Kunst wird. Die Musik ist wie ein Fest, zu dem man nicht in Alltagsgewändern geht, sondern in Galakleidern; sie erfordert eine gewähltere Ausdrucksweise, um kundzugeben, daß man sich, sobald man die verzauberte Schwelle überschritten hat, in einer anderen Welt befindet. Gibt es etwas Ungewöhnlicheres, als – wie es in der Oper geschieht – seine Reden singend vorzubringen? Deshalb drücken sich auch die Dichter, die von Apollo heimgesucht werden, in Versen aus, in metrischer, pathetischer Sprache, sie unterwerfen sich freiwillig den Forderungen des Stils und des Reims und legen schließlich ihr Feierkleid an.

Dieses uneigennützige Bedürfnis, dieses Verlangen, durch ein besonderes Verhalten – Einweihung, Gelöstheit, Ritual – die Abgeschlossenheit und eifersüchtige Abtrennung des ästhetischen Vergnügens zu bekunden, hat als Quelle die jedem Kunstwerk eigene Inselhaftigkeit. Aber der Geist der Herausforderung und des Paradoxen, verbunden mit dem Sinn für formale Vollkommenheit, treiben Ravel noch viel weiter. Er entsagt aller Romantik und bekennt sich zynisch zur Frivolität; er will nicht «tief» sein. Während Strawinsky, der geschworene Feind des pathetischen Espressivo, sich paradoxerweise für Tschaikowsky erklärt, gibt Ravel aus Koketterie vor, die Eleganz von Saint-Saëns zu bewundern. *Das köstliche Vergnügen einer unnützen Beschäftigung*, schreibt er selbst, Henri de Régnier zitierend, an die Spitze der *Valses nobles*. Die

Schiffe unter Glas auf dem Flügel in Montfort

ernsten Geschäfte werden auf morgen verschoben. Die Musik ist eine luxuriöse Unterhaltung, ein exquisites Spiel, und Ravel, der Wert darauf legt, sein Vergnügen nicht zu zerstören, schützt eifersüchtig diese Oase, diese *glückliche Insel*, vor den Wirrnissen des Alltags.

Die glückliche Insel! – mit ihren steilen Küsten, ihren magischen Obstgärten und ihren südlichen Nächten ... Die Musik strahlt nicht, wie bei den Romantikern, in das Dickicht des persönlichen Daseins und durchwärmt es, sondern sie entspricht vielmehr einer Folge von stoßweisen Ausbrüchen jenseits der Wirklichkeit und des Lebens. Man darf sich nicht vorstellen, daß Ravel den ganzen Tag beim Klavier saß oder in den

Salons über Musik redete. Wenn er nicht komponierte, blieb das Klavier geschlossen, und seine Alltagsbeschäftigungen waren nicht jene, die volkstümliche Bilder den von der Inspiration heimgesuchten Genies anzudichten pflegen. Wenn er komponieren wollte, so vergrub er sich in seiner Einsiedelei. Aber selbst die Krankheit hat seiner Musik keinen krampfhaften schmerzlichen Ausdruck zugefügt – jenen krampfhaften Ausdruck, der das Antlitz Debussys so grausam entstellte. Das Schaffen bedeutete für ihn einen unstetigen Vorgang, eine Folge von Krisen, die zugleich auch wunderbare Pausen waren. Seine Angst vor indiskreten Vertraulichkeiten und vor unkeuscher Aufrichtigkeit, sein Respekt vor der «Feierlichkeit» des künstlerischen Genusses und ein gewisser baudelairescher «Dandysmus», Eigenschaften, die Roland-Manuel so fein gekennzeichnet hat, sind ihm manchmal vorgeworfen worden. Versuchen wir vielmehr, den besonderen Zügen seines Geschmacks, seiner Neigungen und seines Lebensstils zu folgen!

Hélène Jourdan-Morhange hat eine entzückende Beschreibung der «Sammlung von Fälschungen» gegeben, die sich in Ravels Haus in Montfort-l'Amaury befand. Sie erzählte von den reizenden Dingen, die diese große Spielzeugschachtel füllten: die winzige Nachtigall, die Nippsachen und das kleine Schiff, das auf den Wellen aus Pappendeckeln schwamm, wenn man eine Kurbel drehte ... Das, was Ravel in erster Linie an diesen Künstlichkeiten anzog, war das schöpferische Vermögen einer zauberischen Phantasie, die fähig war, Geschöpfe hervorzubringen, die lebten und sich von selbst bewegten. Homo additus naturae – der Mensch macht der Natur Konkurrenz und übertrifft sie ruchloserweise so sehr, daß – nach einem Ausspruch von Oscar Wilde – «die Natur es ist, die die Kunst nachzuahmen scheint und selbst zum ersten Kunstwerk wird. Das menschliche Genie hat wahrhaftig Grund genug, darauf sehr stolz zu sein ...»

Gewiß, die Nachfolger Chopins haben manchmal mit der amüsanten Unbeholfenheit der Marionetten gespielt. Unsere Zeitgenossen haben im Gegensatz dazu die Automaten in Bewegung gesetzt, um sich über die romantische Rührseligkeit lustig zu machen. Dies ist zweifellos der Sinn der Hampelmänner, der Holzzwerge und Bronzestatuen bei Erik Satie, der Drahtfiguren des Meister Pedro bei de Falla, der Puppen im «Petruschka» Strawinskys, bis zu den Bleisoldaten bei Debussy und Séverac. Ravel seinerseits war wohl der Meinung, daß es keine tiefere Philosophie gäbe als die Weisheit des Feuerwerkers und Artilleristen, die ganz den Regungen unserer Vernunft gehorcht. Das ist die Baudelaire verwandte Seite seiner Natur. Daher diese Fülle von organisierten Spielzeugen, Hampelmännern und belebten Automaten, die in der Nachahmung des wirklichen Lebens seine ganze Musik durchwirken. Stoffpuppen in *Adélaïde*, metallene Zauberei in *L'Heure espagnole*; Zauberei mit Porzellan, Papier und Möbeln in *L'Enfant et les Sortilèges* ... Im Wäldchen von Ormonde gibt es viele Kobolde und Quälgeister, und die *Ronde* (dritter der Chöre a capella vom Jahre 1915) zählt sie in einer amüsanten Liste auf; aber alle diese Gnomen sind Automaten, alle diese

Kobolde werden mit einem Schlüssel aufgezogen ... Tiere liebte er nur, wenn sie nach Metall oder nach bemaltem Holz rochen; denken wir nur an *Noël des Jouets*, mit seinen lackierten Schafen mit Augen aus Email und mit unzerbrechlichen Hasen, die auf ihren Trommeln Wirbel schlagen; an die rosa Lämmer und an die amarantfarbene Ziege der Colette; an die mechanische Grille der *Histoires naturelles*, die ticktack macht wie eine Taschenuhr; und endlich an den nächtlichen Garten in *L'Enfant et les Sortilèges*, der nur ein großes summendes Vogelhaus ist, in dem sich das Zirpen der Insekten mit der Musik der Kröten und dem Knistern der Zweige vermählt! Vor allem in der *Heure espagnole* kann sich der die Automaten liebende Musiker nach Herzenslust ausleben: da gibt es Kuckucke und musizierende Marionetten, einen kleinen Hahn und einen Kanarienvogel, den automatischen Trompetenbläser nicht zu vergessen, und über dem allen die klingende mißtönende Kakophonie der Uhren, nahe verwandt der mißhandelten Pendeluhr in *L'Enfant et les Sortilèges*. Ravel liebte die verzerrte Mechanik und hatte, wie Satie, eine besondere Vorliebe für verstimmte Klaviere und alte, meckernde Phonographen ... Vor Séverac und Milhaud hatte er sein Vergnügen an Spieldosen und mechanischen Klavieren: Zeuge dafür das chinesische Scherzo in *Asie* (erstes Stück der *Scheherazade* von 1903), in dem man bereits die scharfen Theorben der *Kaiserin der Pagoden* (3. Stück von *Ma Mère l'Oye*, 1908) vorausahnt, mit ihrem Knistern von zerbrechenden Muscheln und Nußschalen; *L'Éventail de Jeanne* (Stück für Blechmusik aus dem Jahre 1927), mit seinem Schellengeklirr, seinen mechanischen Schnarrgeräuschen und seinem Kastagnettengeklapper. – Schon in der Feria der *Rhapsodie espagnole* (1907) konnte man die Drehorgel des *Petruschka* kreischen hören.

Selbst da, wo es keine Maschinerien, keine mechanischen Klaviere und keine Spieldose gibt, sind in der Musik Ravels Spuren der Zahnräder zu erkennen; so etwa im *Énigme éternelle* (zweite der hebräischen Melodien von 1914), das in seiner schmerzlichen Unbeholfenheit ein wenig automatisch anmutet. – Automatismus ist schon in *Sainte* (Stück für Gesang und Klavier vom Jahr 1896) fühlbar, wo die feierliche und etwas traumwandlerische Steifheit der parallelen Akkorde an die träumerischen Akkordreihen Debussys und an die gemessenen Liturgien Saties gemahnt. Einige Symptome dieses Automatismus sind: die bis zur Atemlosigkeit wiederholten einzelne Töne, die Nachahmung des Cembalo-Gehämmers – wie im «Polo» von Manuel de Falla und in den Spätwerken Debussys («Boîte à Joujoux», «Neunte Etüde») –, bebende, bohrende und stotternde Töne, die sich in die Seele einschrauben: ihre feinen Stiche sind in der *Alborada* das ganze Stück hindurch fühlbar, aber auch in den Stacheln des *Scarbo* und im Gackern des *Perlhuhns* (6. Stück der *Histoires naturelles*). Man lausche auch der rastlosen Toccata im *Tombeau de Couperin* und jenem stählernen Pantoum, der sich in schwindelndem Tempo dreht und dabei ächzt wie ein Motor!

Eine andere Schaffenseigentümlichkeit Ravels ist seine Scheu vor dem «Ritardando» –; denn das Ritardando ist ein Verströmen des Ge-

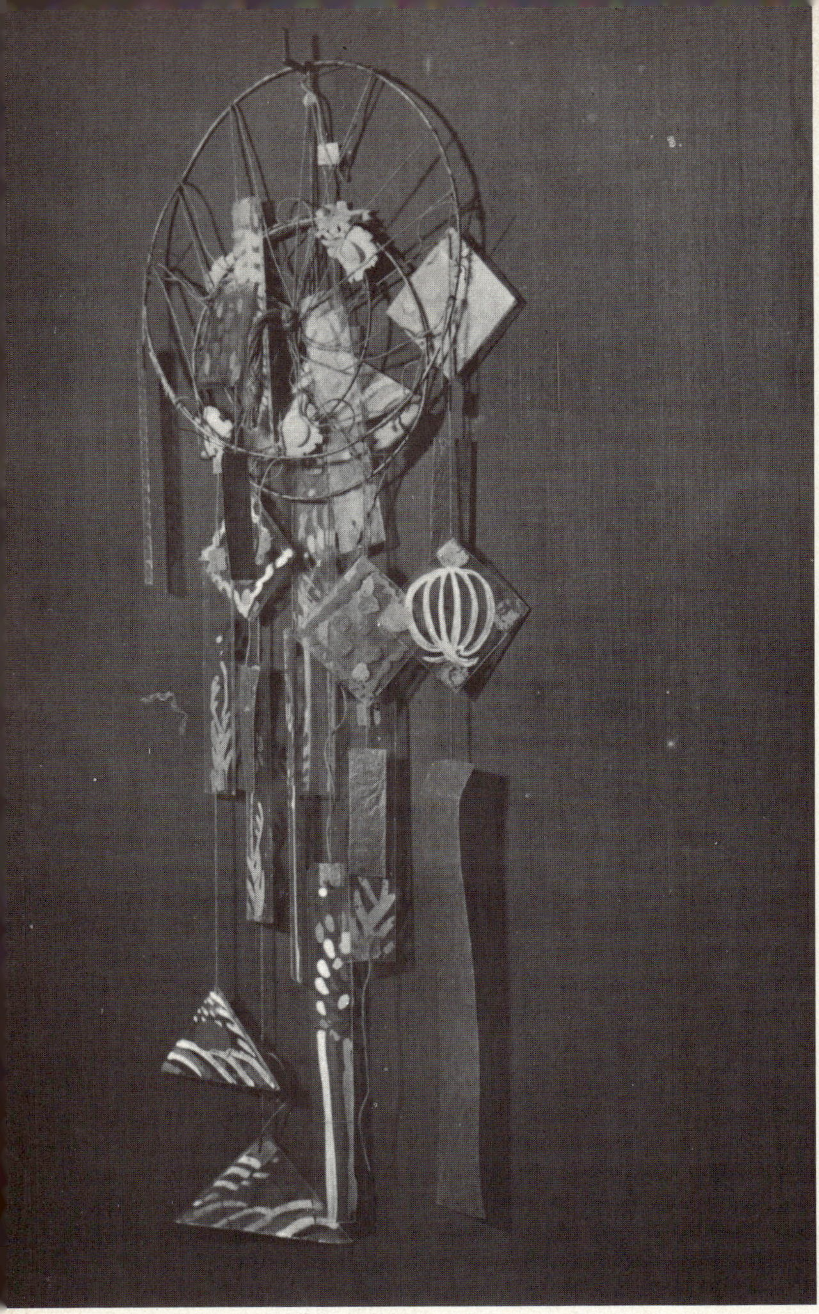

«Chinoiserie» an einer Tür in Montfort

fühls, eine bis zur Selbstaufgabe zunehmende Ermattung, eine sich nach und nach verlangsamende Bewegung, ein Verhauchen in einem verlängerten Todeskampf und in der herrlichen Ekstase des Orgelpunkts. Die organischen Wesen erlöschen stufenweise, in dem Maße, in dem sich ihre Lebenskraft erschöpft; aber die Automaten stehen mit einemmal still, wenn die Antriebsfeder sich entspannt hat. Satie, Poulenc und Ravel versagen sich die ersterbende Apotheose des Ritardando deshalb, weil sie alles gefühlsmäßige Nachgeben, alle träumerische Rührseligkeit oder Verzögerung vermeiden. Entspricht die durch das Rallentando bewirkte Tempoveränderung nicht allzusehr der Unfähigkeit der Menschen, die ursprüngliche Geschwindigkeit beizubehalten? Wenn Fauré das Rallentando aus Scham vermieden hat, so tut es Ravel einfach deshalb, weil die Automaten nie ermüden. – «Nicht langsamer werden!» – dieser Schrei durchdringt die ganze Musik eines Künstlers, der voll damit beschäftigt ist, die unerschütterliche, gleichgültige und vollkommen ausdruckslose Maske des Ingenieurs zu wahren. Selbst die Rallentandi im Menuett der *Sonatine* bedeuten in Wirklichkeit nur eine Rückkehr zum ursprünglichen Tempo und keineswegs eine pathetische Schwäche, ein Nachlassen des Schwungs. Die Stetigkeit der Rallentandi wie die der Crescendi entspricht gut den beredten Depressionen und Aufschwüngen der romantischen Seele; Ravel hingegen suchte statt des Rallentando die «Verzögerung» – etwas Krampfhaftes. Kein Nachgeben, sondern ein Abstoßen. – Sehen wir nur den Zwerg Scarbo, der sich zwei- oder dreimal um sich selbst dreht, ehe er sich in die höllische Runde stürzt! Und den Lehnstuhl in *L'Enfant et les Sortilèges*, der, ehe er seine groteske Pavane tanzt, bebt und zittert, wie ein Tisch beim Tischrücken ... Von daher kommt die gewaltsame Unstetigkeit der Ausdrucksweise Ravels, der plötzlich abgeschnittene Schwung; vor allem in *Scarbo* und in der *Alborada*: der Akkord vibriert nicht mehr über dem Orgelpunkt in der Schönheit der Schlußapotheose, sondern er wird jäh durch eine plötzliche Pause abgewürgt, oder alles endet mit einer Pirouette oder einem Beinstellen, wie manchmal bei Milhaud, Satie und Poulenc.

Allgemeiner: eine verhexte Musik, eine Musik, die den Teufel im Leibe hat, kann nur durch die Gnade eines plötzlichen Zaubermittels angehalten werden, das allein imstande ist, die ewige Bewegung zu hemmen. Wir erwähnen hier das «Perpetuum mobile», das das Finale der *Violinsonate* bildet, und auch die *Duosonate* mit ihrem Drängen und mit den Wiederholungen im ersten Satz. Nur so ist die berühmte Modulation nach E zu verstehen, dieses willkürliche «Clinamen», das ganz plötzlich die Verzauberung des *Boléro* unterbricht und in die befreiende Coda führt, ohne das der *Boléro* immer wieder mechanisch aus sich selbst entstehen und bis zum Ende aller Zeiten fortkreisen würde. Dies ist die einschneidende Lösung, mit der die Tat den magischen Zirkel des auf eine einzige Idee aufgebauten Stücks, der zugleich auch ein Circulus vitiosus ist, durchbricht.

Diese Unstetigkeit findet man schließlich auch wieder in Ravels Vorliebe für das Wunderbare. Ravels Methoden grenzen an den Spiritis-

Ravel dirigiert den «Boléro». Skizze von Luc-Albert Moreau

mus, aber auch an die Taschenspielerei. Zu dieser gehört auch das trügerische Gleiten, durch das das Unstetige stetig erscheint: man sieht sich plötzlich genötigt, irgendeiner ungereimten Schlußfolgerung zuzustimmen, ohne daß man weiß, wie man zu ihr gelangt ist. Denn diese Dialektiker haben niemals in Einzelheiten unrecht, auch wenn sie im Ganzen niemals recht haben. Die große Linie im Andante des *G-dur-Konzerts*, die scheinbar in einem einzigen Zug komponiert wurde, ist, wie sich ergibt, Takt für Takt zusammengesetzt, wie ein Puzzlespiel oder eine Einlegearbeit.

«Der Käfig leer und das Kaninchen unter dem Hut, das ist das richtige!» schrieb Cocteau. Was dazwischen geschieht, bleibt unbekannt. So arbeitet das Genie im allgemeinen. Man sieht das Vorher und das Nachher, den Schöpfer und das Geschaffene, aber nicht den Schöpfungsprozeß. Diese geheimnisvolle Wirkung in die Ferne, dieser momentane Magnetismus, der das Leere durchdringt: das heißt Inspiration. Die Verwandlung der Elemente oder, wie in den Bildern von Hieronymus Bosch und Steen, der Betrug – das ist für einen listigen, schlauen, schalkhaften Geist, der sich über seine eigenen Kräfte wundert, der Gipfel der Virtuosität. Ravel und Rimsky-Korsakow brachten solchen Zaubereien kindliche Neugierde entgegen. Aber man muß auch hinzufügen, daß der frühe Debussy, indem er auf vermittelnde Modulationen verzichtete und die Akkorde ohne jeden Übergang nebeneinanderstellte, um die Tonalitäten eine magische und wunderbar eindrucksvolle Aura schuf, als Ergebnis der unmittelbaren Anziehungskraft des einfach Daseienden.

Bei Ravel ist vor allem *L'Enfant et les Sortilèges* zu erwähnen, das als Ganzes ein Zauberstück ist, ein Gedicht der Verwandlungen. Auch *Ma Mère l'Oye* ist bis zur Schlußapotheose eine Reihe einander folgender Verwandlungen. In den *Entretiens* in *La Belle et la Bête* wird die Befreiung des verwunschenen Prinzen durch ein großes Glissando angezeigt, das den Zauber heraufbeschwört. Auch alle die lächerlichen Verwicklungen in *L'Heure espagnole* wären hier zu nennen. – Einige Male wendet dieser Gaukler seine Zaubereien nicht dazu an, um zu verwandeln, sondern um verschwinden zu lassen. Da ist zum Beispiel Scarbo, dieser boshafte Zwerg, der wie eine Seifenblase zerplatzt. Oder Ondine, die sich in Tröpfchen auflöst. Erinnern wir uns auch an den langen nebelhaften Triller, hinter dem sich im *Tombeau de Couperin* das Präludium und das Menuett verbergen: ein Lauf nach oben – wie bei Debussy am Schluß der «Danse de Puck» –, ein fast unhörbarer Ton – wie am Schluß des luftigen Tanzes «Les Fées sont d'exquises Danseuses» (Debussy) –, eine Pirouette, ein Tremolo – und alles ist vorbei. Es gibt keinen Scarbo, keine Adélaïde mehr – nichts als ein leichter Beschlag an den Scheiben und draußen der fahle Mond, der mit den Wolken spielt ... Verwandeln, Verschwindenlassen – das sind die besonderen Künste unseres Zauberers: einen Zwerg in Nichts auflösen, einen Dichter in einer Uhr verstecken ... das ist für ihn nur ein Spiel. Aber er selbst, der sorgsamste Techniker, den es nur gibt – könnte man nicht annehmen, daß er einen Talisman besitzt, der ihm ermöglicht zu komponieren, ohne daß man weiß, wie das geschieht? – «Nichts in den Händen, nichts in den Taschen», sagte Roland-Manuel von ihm. Er ist wie ein Chirurg, der seine Instrumente verbirgt, um als Knochen-Einrichter zu erscheinen; er nimmt keinen Anstoß daran, daß man ihn für einen Amateur hält, und obwohl er außerordentlich genau ist, legt er gerne die Maske der Beiläufigkeit an. Er will als Scharlatan erscheinen. Er, der mit seiner technischen Ehrlichkeit und seinen vielen Bedenken so sehr die lange Geduld des Schaffens gelehrt hat, wie kann er es auf sich nehmen, als ein Taschenspieler zu gelten, als ein Gaukler und Jongleur?

Instrumentale Virtuosität

Die Technik ist in seinen magischen Händen das Werkzeug seines beschwörenden Tuns – sagen wir, seines «Zaubers». Die Kunstgriffe des Orpheus, die Kniffe, den Hörer zu verzaubern, sind für ihn ein erlernbarer Gegenstand. Man wird nicht als Zauberer geboren, man wird es durch Studium. Bei jeder Gelegenheit betonte Ravel die überragende Wichtigkeit des Handwerks. Er bestritt gerne die «göttliche Gabe» und behauptete mit Valéry, die Inspiration bestehe in der Gewohnheit, sich alle Tage zur gleichen Stunde an seinen Arbeitstisch zu setzen. Genie als das Wissen, wie es gemacht wird.

Daher kommt vor allem eine nie verleugnete Neigung zur Virtuosität. Dieser Hang zur Virtuosität und zur Handfertigkeit, diese Vorliebe zum «Solistischen» überraschen uns bei einem Musiker, der nicht, wie Debussy, ein außerordentlich begabter Pianist war. Man muß zugeben, daß Ravel hier einer allgemeinen Tendenz unserer Zeit folgte, die sich auch in den Konzerten Prokofiews, im op. 36 Roussels und in manchen Kompositionen Strawinskys vom «Capriccio» an offenbart. Ravel hat seine Absicht kundgegeben, an die Tradition von Saint-Saëns wiederanzuknüpfen, eine Absicht, die offenbar mit seinem Dilettantismus à la Scarlatti übereinstimmt; denn die Musik ist vor allem «Ergötzung», und die musikalische Bravour kennzeichnet vortrefflich jene Rückkehr zur «Prahlerei» – das große moderne Paradoxon des Baltasar Graciàn.

Ist die prahlerische Zurschaustellung nicht ein Ablenkungsmittel von dem schlechten, introvertierten Gewissen und von der unglückseligen Subjektivität? Die technischen Triumphe befreien uns von den Tragödien des Innenlebens. So sind *Tzigane*, die *Duosonate* und die beiden Konzerte der Verherrlichung des Äußerlichen und des Scheins geweiht; aber die fürchterlichen Schwierigkeiten von *Scarbo* und des *Pantoum* zeigen auch einen gewissen Geschmack am Heroischen an, den unser Spötter (Ironie des Schicksals!) von der Romantik geerbt hat, von den Darbietungen Paganinis und den Kühnheiten Liszts. – Ravel bewunderte die «Études transcendantes» (von Liszt). Der «solistische Geist» erfüllt bei ihm das «Allegro für Harfe», die «Rhapsodie für Violine», er macht den Solisten zum Star des Orchesters, er führt ihn, wie einen

Von Geld ist die Rede, von wem noch?

«An diesem Tag…

...componierte ich das erste Mahl für Geld», schrieb der 19jährige Mann am 17. Juni 1816 in sein Tagebuch. Sein Honorar: 100 Gulden Wiener Währung. Für seine Verhältnisse ein recht stattliches Honorar. Er verdiente zu jener Zeit als Hilfslehrer an der väterlichen Privatschule ganze 80 Gulden im Jahr. Den störenden Schuldienst gab er bald auf: «Ich bin nur zum Componieren geschaffen. Mich sollte der Staat erhalten.»

Da er selten Auftragswerke komponierte und auch nicht als Virtuose auftrat, war er hauptsächlich auf Honorare der Verleger angewiesen. Reich konnte er davon nicht werden, denn: «Der Beifall der Menge ließ ihn kalt. Noch weniger war Geld das Ziel seines Komponierens. Er schrieb ohne Rücksicht darauf, ob er Hoffnung habe, das Geschriebene abzusetzen», urteilte ein Freund über ihn. Auch das Lehren war ihm ein Greuel: «Ehe ich Lektionen gebe, esse ich lieber schwarzes Brot.» Bei den Esterházys machte er die Ausnahme: für 75 Gulden im Monat, später für 100.

Das einzige Konzert, das er je mit eigenen Werken gab, brachte ihm 800 Gulden ein: «Ich hab' jetzt Geld wie Näckerling!» Zum Vergleich: Paganini, der «Konzertkorsar», nahm an einem Abend 2500 Gulden ein.

Der Mann, von dem hier die Rede ist, brachte es nur gelegentlich zu einem eigenen Zimmer. Meistens lebte er bei Freunden und Gönnern. Darben aber, wie es die Legende wissen will, mußte er nie.

Er, der einzige Wiener Komponist, der wirklich in Wien geboren wurde, starb im 31. Lebensjahr. Seine letzten Worte: «Hier liegt nicht Beethoven.» Von wem war die Rede?

(Alphabetische Lösung: 19-3-8-21-2-5-18-20)

Bergsteiger, auf die schmalsten Grate, in die für sein Instrument schwierigsten Passagen; denn in seinen Soli und Rezitativen herrscht die Trunkenheit des genialen Einsamen. Die Bravourkadenz wird von ihm wieder gerechtfertigt: die Kadenz des *Konzerts für die linke Hand* ist eine prachtvolle Demonstration der Kraft und Geschicklichkeit; die Kadenz des *Konzerts in G-dur* eine brillante Zurschaustellung der linken Hand, diese entfaltet große Arpeggien und intoniert die Kantilene mit dem Daumen, unter Trillern der rechten Hand; die Kadenzen der *Tzigane* und des nächtlichen Präludiums in der *Rhapsodie espagnole* erinnern an die Vokalisen und Phrasen für Soloinstrumente (erste Violine, erste Flöte, Klarinette, Fagott und Harfe) in Rimsky-Korsakows «Capriccio espagnol» und «Scheherazade». Die Flut der «kleinen Noten», die «Feux d'Artifice» und «Poissons d'Or» Debussys umhüllt, umhüllt auch die im Wasser und in der Luft spielenden Gedichte Ravels: *Jeux d'Eau, Barque sur l'Océan, Ondine, Oiseaux tristes* und den Schluß der *Noctuelles* und auch das mittlere Rezitativ im *Allegro für Harfe*. Wie brillant, wie hart und klar sind diese Züge! Die Kadenz ist hier nicht mehr eine Beiläufigkeit wie das romantische Sich-gehen- und Ausströmen-Lassen, sondern in ihr findet sich etwas zugleich Scharfes und Verschwommenes, das für den Impressionismus charakteristisch ist, und das auch schon bei Liszt vorkommt: in den großen Windstößen der «Chasse-neige», der 12. «Étude transcendante» und in den drei Gedichten von «Venezia e Napoli» («Gondoliera», «Canzone» und «Tarantella»). Die Triller der Quart und der kleinen Sekunde, die in den «Ungarischen Rhapsodien» in der Höhe erlöschen, rauschen und zischen auch durch die «Tzigane. – Unterscheiden wir hier die spezifisch vokale und pianistische Technik und das Hervorkehren der Besonderheiten des Instruments:

1. *L'Heure espagnole*, die nach der erzählenden, so eng der gesprochenen Rede nachgebildeten Deklamation der *Histoires naturelles* geschaffen wurde, stellt eine merkwürdige Rückkehr zu den Verzierungen des Belcanto dar. Gewiß empfiehlt Ravel den Sängern die Einfachheit des «quasi parlando», das heißt das Rezitativ und den musikalischen Konversationston; man könnte auch sagen, daß das Schlußquintett im Ton der Affektiertheit und der ironischen Übertreibung gehalten ist, daß diese Lyrik nicht ernstgenommen werden will. Dennoch kann man nicht behaupten, daß Ravel nicht Geschmack daran gefunden hat. Die bezaubernde *Vocalise en Fa*, eine wortlose Romanze, bestätigt unsere Vermutung. Dank dem Bakkalaurus Gonzalve sind wir leider wieder zurückgekehrt zur Glanzzeit der Koloraturen und Fiorituren; hier blühen die Läufe, Triller und Rouladen. – Als Nachfolger der *Trois Poèmes de Mallarmé*, insbesondere des *Placet futile* (zweites der *Poèmes*), herrscht in *L'Enfant et les Sortilèges* viel und fast ständig «Gesang»: anstatt den geringsten Wendungen der Rede zu folgen, steigt und fällt die Stimme in großen Schritten und gestattet sich Sprünge, die selbst in *Kaddisch* (erste der *Deux Mélodies hebraïques*, 1914) nie in solcher Kühnheit gewagt wurden. Von all den liebenswürdigen Gesangsverzierungen – Falsett,

Portamento, Mordente, gestochene Töne, Vokalisen – zieren einige auch das jubelnde Trinklied (dritte Chanson in *Don Quichotte à Dulcinée*, 1932). – In dem *Épitaphe* für Ronsard hingegen bewegt sich die Singstimme nur im Raum einer Oktave, indem sie bald den oberen Tönen der Quinten folgt, bald sich in das Innere der leeren Quint zu einer Terz herabbeugt ... Aber ist diese Demut nicht gerade auch etwas Heldenhaftes?

2. Von all den Helden ist der Klavierheld gewiß der virtuoseste, denn er genügt sich selbst. In dieser Beziehung hat Franz Liszt für Ravel den Sieg verkörpert, das heißt den durch die Technik, insbesondere durch die Fingertechnik des Menschen überwundenen, bezähmten und verflüchtigten Widerstand; Liszt, ein neuer Prometheus, raubt den Göttern zum zweitenmal das Feuer des Künstlers und lehrt die Menschen die unendliche Macht ihres Willens. Die *Études transcendantes* beweisen die Überwältigung der Materie durch die Hände und Finger des Menschen. Man wird niemals genug hervorheben können, wieviel die Klavierkunst Ravels den Entdeckungen des wunderbaren Genies Liszts verdankt – nicht nur in der Harmonik und in der Stimmung, wie im E-dur der *Jeux d'Eau* oder der etwas schweizerischen Romantik der *Vallée des Cloches*, sondern in erster Linie seiner barbarischen und revolutionären Technik, die über die Tasten fegt wie ein Orkan. Wären die *Jeux d'Eau* ohne die «Jeux d'Eau à la Villa d'Este» und ohne «Au bord d'une Source» möglich, *Scarbo* ohne den «Mephisto-Walzer», *Ondine* ohne die Läufe in «Saint François de Paule»? Der Schluß der *Noctuelles* erinnert an «Saint François d'Assise» und an «Waldesrauschen», aber auch an «Feux Follets» und an die «Leggierezza».

Stellen wir aber fest, daß die Virtuosenkünste bei Ravel niemals akrobatischer Selbstzweck sind, sondern stets durch rein musikalische Gründe bedingt sind. So ist zum Beispiel das Überkreuzen der Hände weniger oft durch die Absicht, Kraft zu sparen, zu erklären, als durch den Wunsch, eine gewisse Klangwirkung zu erzielen, wie etwa bei Liszt bei einer Passage («Après une Lecture de Dante»), die sich leichter ohne Überkreuzen der Hände spielen läßt, die aber dann ihren besonderen, eigenartigen Klangcharakter verlieren würde. Wenn aber anderseits in den *Études transcendantes* jedes Stück im allgemeinen jeweils nur einen einzigen Typus von Schwierigkeiten (Arpeggien, Oktaven, Skalen ...) darstellt, so vereinigt jedes Stück von Ravel alle: *Scarbo* zum Beispiel erscheint wie eine teuflische Sammlung aller Hinterhalte, Fallen, Hindernisse, die eine unerschöpfliche Phantasie den Fingern des Virtuosen entgegenstellen kann: Tonrepetitionen, Triller, alternierende Akkorde, schwindelerregende Läufe, Staccato-Etüden aus dem Handgelenk ... Es ist für die Hand unmöglich, sich an irgend etwas zu gewöhnen. Mit seinen brutalen Unterbrechungen, seinen ständigen Neuansätzen verhindert *Scarbo* beim Pianisten das Einspielen irgendeiner Muskelbewegung. Wie Balakirew so liebt es auch Ravel, wie zum Beispiel im *Pantoum*, eine Gesangslinie mit alternierenden Akkorden, abwechselnd von beiden Händen geschlagen, zu umspielen. Wie Fauré und wie Liszt mißachtet auch Ravel den traditionellen Vorrang der rechten Hand: er ehrt vor allem den Linkshänder, dies zeigt sich immer wieder, insbesondere natürlich im *Konzert für die linke Hand*. Ebenso wie Liszt und Mendelssohn berauscht sich auch Ravel an der Schnelligkeit der Friskas und der «Gnomenreigen»; aber bei ihm ist das Presto auch im schnellsten Tempo durchsichtig und nicht eine Berauschung des Bewußtseins, das sich selbst betäubt und die Läufe in die Decken der Bewegung und der Geschwindigkeit einhüllt. Dies ist der Unterschied zwischen dem Perpetuum mobile der Romantik und dem Finale der Violinsonate. So ist er, dieser blitzschnelle *Scarbo*, dieser elektrische Zwerg mit seiner goldenen Schelle und seinem boshaften Lachen, behende wie ein Akrobat und unempfindlich wie ein Halbgott. Auf den Flügeln des Windes galoppiert er umher zwischen phantastischen Glissandi und stählernen Strahlen; in Tonrepetitionen wirbelt er um die gleiche Stelle und fliegt, wie der *Feuervogel*, von einer Oktave zur anderen. Wie sehr ist dieses rasche Bewußtsein Herr seiner Nerven und genau wie ein Uhrmacher!

Was wird in dieser selbstvergessenen Jagd nach Allgegenwart aus den «Fingersätzen»? – Es gibt keine Fingersätze mehr. – Henri Gil-Marchex hat überzeugend nachgewiesen, daß die Artikulation im üblichen Sinne bei Ravel nur untergeordnete Bedeutung hat. In den *Jeux d'Eau*, in *Scarbo, Ondine* und in der sechsten *Valse noble* ist es das Handgelenk oder sogar der Oberarm, die als Ganzes die Tasten belasten: entweder durch ihr Balancieren oder durch ihre Rotation; der flach aufgesetzte Daumen drückt gerne zwei Tasten zugleich herunter; daher bei *Scarbo* die Sekundenfolgen: wie bei Albéniz so ist auch hier die Klavierkunst die Ursache und die Harmonik die Wirkung!

All diese Zaubereien erfordern von dem Pianisten einen ungemein nervigen Anschlag: er muß Finger aus Stahl haben, sehr prompte Reflexe, außerordentlich feinfühlige Fingerspitzen, blitzschnelle Bewegungen und absolute Kaltblütigkeit. Das Klavier spricht zugleich durch seine Überzeugungskraft und durch seine Gewaltsamkeit: zwischen diesen holprigen, scharf geschnittenen Figuren wäre jeder falsche Schritt tödlich. Der Pianist fegt mit dem Rücken der Hand über die Tasten und entlockt dem Instrument durch die Härte des Anschlags unerhörte Klänge; je nach seinem Belieben hat der Pianist die Klangfarben der Oboe oder des Violoncellos zu erzeugen, das Zirpen der Gitarre oder das Klirren des Cembalos; wenn es sein muß, so saust auch seine Faust einen Augenblick auf die Tasten herab und verletzt so mit einer wilden Geste die geheiligten Gebräuche der zarten Finger; denn für den Klavierzauberer gibt es keine Verbote.

Erwähnen wir nur die übermütigen Glissandi in der *Alborada* – Glissandi in Terzen und Quarten (die in der Orchesterfassung den Harfen und Flöten anvertraut sind), zischende Garben, die emporsprudeln und dann rasch wieder auf die durch Tonrepetitionen scharf gezeichnete Linie herabfallen. Die Arpeggien werden sehr dicht und oft von oben nach unten wild abgerissen. Das Gitarrenarpeggio ist in der *Alborada* deutlich erkennbar. Die zugleich trockene und krampfhafte Klangwirkung

der Gitarre hat der zeitgenössischen Pianistik den «Geist des Schluchzens» zugebracht, ebenso wie den harten und asketischen Geist des Pizzicato.

Aber man fände kein Ende, wollte man alle die Finessen aufzählen, durch die Ravel die Klavierkunst bereichert hat, dank einer emsigen Beweglichkeit der Finger und einer fruchtbaren, Bewegungen, Anschlag und Klangfarben umfassenden Vorstellungskraft, die *Islamey* in den Schatten stellt. Zweifellos kommt die kokette Virtuosität bei Ravel wie bei Prokofiew zum Teil von den Gewaltsamkeiten der Nachkriegszeit; auf jeden Fall hat Ravels Musik etwas Hartes, Schneidendes, Bündiges angenommen, eine sprühende Klangwirkung, ohne die sie nicht mehr «Ravel» wäre. Hinter den tausend Einzelheiten ahnt man den unbeugsamen Willen, der einer überlegenen Geisteskraft entspringt, und der seine Salven mit vollem Bewußtsein abfeuert und seine Klänge mit höchster Kunst sammelt oder zerstreut. – Ravel hat den romantischen Sturm gebändigt: das, was in «Mazeppa» (von Liszt) Taifun und Entfesselung der Naturkräfte war, wird in *Scarbo* künstlerische Gewaltsamkeit, planmäßig angelegter Wirbelsturm.

3. Manchmal erzeugt der Klaviersatz die Harmonik. Es kommt aber auch vor, daß dies durch die Instrumente und durch die Stoffe, aus denen sie gemacht sind, geschieht. Das Roßhaar, die Stahlsaite, das Holz, das Blech ... entfachen die Inspiration: das ist die Wirkung der Technik auf den Geist; das Werkzeug bedient sich der Vernunft ... Auch Ravel will das musikalische Phänomen an seiner Quelle erfassen, beim vibrierenden Holz oder Metall. Wie Strawinsky so wird auch er von jeder Art ungewöhnlicher oder ausgefallener Instrumente angezogen: dem «Aeoliphone» in *Daphnis*, einem würdigen Gegenstück zur «Windmaschine» in *Don Quichotte*, der «Jazzo-Flöte», die hinter den Kulissen den Gesang der Nachtigall nachahmt, dem Luthéal der *Tzigane*, nicht zu vergessen all die Lärminstrumente in *L'Enfant et les Sortilèges*, die Klapper, die Peitsche, das Xylophon; auch die Käseraspel fehlt nicht und auch nicht die Lotterietrommel und der Revolver ... Sehr stark ist Ravels Vorliebe für das Schlagwerk: das Orchester der *Alborada* verwendet Pauken, Triangel, Baskentrommel, Rührtrommel, Zimbeln, große Trommel, Klappern, Xylophon und Kastagnetten. Das Vorspiel zu *L'Heure espagnole* ist ganz erfüllt mit Glockenspielen, mit Gebimmel von Maultierschellen; die Klangfarben verschmelzen mit dem Glockenläuten, mit dem Sarrusophon und der Celesta und dem leisen Trommelwirbel zu einer silbrigen Kakophonie. Nach der *Vallée des Cloches* hat man hier den Laden der Glockenspiele. – Immer hatte Ravel eine Schwäche für den Klang der Blechbläser und ihren metallischen Fanfaren. Man denke nur an *L'Éventail de Jeanne* (Stück für Blechmusik aus dem Jahr 1927)! Und auch in *Ma Mère l'Oye* glaubt man Blechklänge zu hören. Scheinen die triumphalen Fanfaren des Klaviers im Finale des Trios nicht für die blechernen Stimmen der Trompeten geschrieben zu sein? Und auch die Klänge, die am Schluß von *Noël des Jouets* Weihnachten feiern. – Einige andere instrumentale Vorlieben Ravels: die Flöte, die Syrinx des Pan, die Flöte, die sich allen Komplikationen widersetzt und öfters in überschwenglicher Art ihre bukolische, schlanke Kantilene entfaltet: zunächst im Andante der *Scheherazade*, dann während der Tänze des Daphnis, des Lyceion und der Nymphen; sie erklingt bei Anbruch des Tages hinter dem Murmeln der Quellen; ihren Ursprung erzählt uns der Hirte Lammon; das kleine Ensemble der *Chansons madécasses* enthält eine Flöte, zwei Flöten enthält das Ensemble der *Trois poèmes de Mallarmé*.

Erwähnen wir noch den häufigen Gebrauch der gestopften Trompeten und vor allem – von 1919 an – die Entdeckung des «Jazzorchesters», aus dem Ravel die wehmütigen Klänge benutzte und neue unerhörte Farben gewann. Wohl hat schon Debussy in «Golliwog's cake-walk» (1908) und im Finale der «Violinsonate» (1914) davon Gebrauch gemacht; aber das Thema des Ramiro in *L'Heure espagnole* (1907) ist schon rhythmisiert wie eine Rag-Musik. Vor allem aber wird in *L'Enfant et les Sortilèges* zum erstenmal voller Gebrauch von Blues und Foxtrotts gemacht, von den Verfahren der Music-Hall, von den Finali der Revuen und der amerikanischen Operetten. Das Scherzo des *Konzerts für die linke Hand* und das *Konzert in G-dur* scheint ein wenig von Gershwin beeinflußt zu sein. Aber man muß zugeben, daß Ravel dem Jazz nicht gewisse Stimmungen oder eine besondere Art von Spleen verdankt, wie es bei den mitteleuropäischen Musikern Weill, Křenek, Schulhoff der Fall war –, sondern technische Einzelheiten und «Tricks»: Zerstückelung und stereotype Wiederholung, keuchende oder synkopierte Zweierrhythmen (wie in den Blues der *Violinsonate*), näselnde Klangfarben, Portando der Posaunen, neurasthenische Seufzer der Saxophone, saftige und etwas verruchte Akkorde ... und endlich (im Andante der Sonate) jene nicht aufgelöste Septime auf As, der Dominante von Des.

Selbst die Stimme, die menschliche Stimme wurde schließlich (höchstes Sakrileg!) nur nach ihrer Klangfarbe und wie ein Instrument behandelt: so stellt zum Beispiel der vierstimmige gemischte Chor, der am Schluß des ersten Teils von *Daphnis* hinter der Szene singt, eine Art menschliches Orchester dar, das der Symphonie vokalen Orgelklang hinzufügt.

Wie Rimsky-Korsakow behandelt auch Ravel jeden seiner Instrumentalisten als solistischen Virtuosen. Die einzelnen Instrumentenfamilien machen sich selbständig und verzichten auf den vollen Gesamtklang. Die Violine ist nicht mehr König, und es passiert ihr manchmal, daß sie einfach als Harfe oder als Banjo oder als ganz gewöhnliche Gitarre behandelt wird, während der Bogen, wie in der *Duosonate*, zu einer Art Trommelschlegel wird. Die Streicher versuchen im Pizzicato die wunderbare andalusische Trockenheit wiederzugeben. Sie werden auch oft bis aufs äußerste aufgeteilt; so spielen zum Beispiel in den dichten Zusammenklängen der *Alborada* die ersten und zweiten Violinen sechsfach, die Bratschen fünffach, die Violoncelli vierfach und die Kontrabässe dreifach geteilt. Daraus ergibt sich eine Flüssigkeit der Schreibweise und eine Feinheit der Klangfarben, die dem Orchester Ravels etwas von der Frische der Meeresluft geben, in der man das Salz und den Westwind verspürt.

Rhythmen

Die Entdeckungen Ravels beschränken sich aber nicht auf das Instrumentale; sie betreffen auch die rhythmischen Probleme, den Kontrapunkt, die Harmonik. Die Strenge des Rhythmus ist bei ihm zugleich genau und diskret; dafür bürgt schon seine Besessenheit und auch sein sehr lebendiges Interesse am Tanz. Wir unterscheiden hier die Polyrhythmie, unregelmäßige oder ungewöhnlich lange rhythmische Gliederungen, Bevorzugung der «schwachen Taktteile» und rhythmische Überschichtungen. Der Taktwechsel – so häufig in Ravels Rhythmik – geht von der einfachen Abwechslung zweier Taktarten (zum Beispiel 6/8 und 3/4 in der *Chanson romantique*, 2/4 und 3/4 im *Rondo* und im Finale der *Duosonate*, 3/4 und 4/4 in *Trois beaux Oiseaux du Paradis*) bis zur

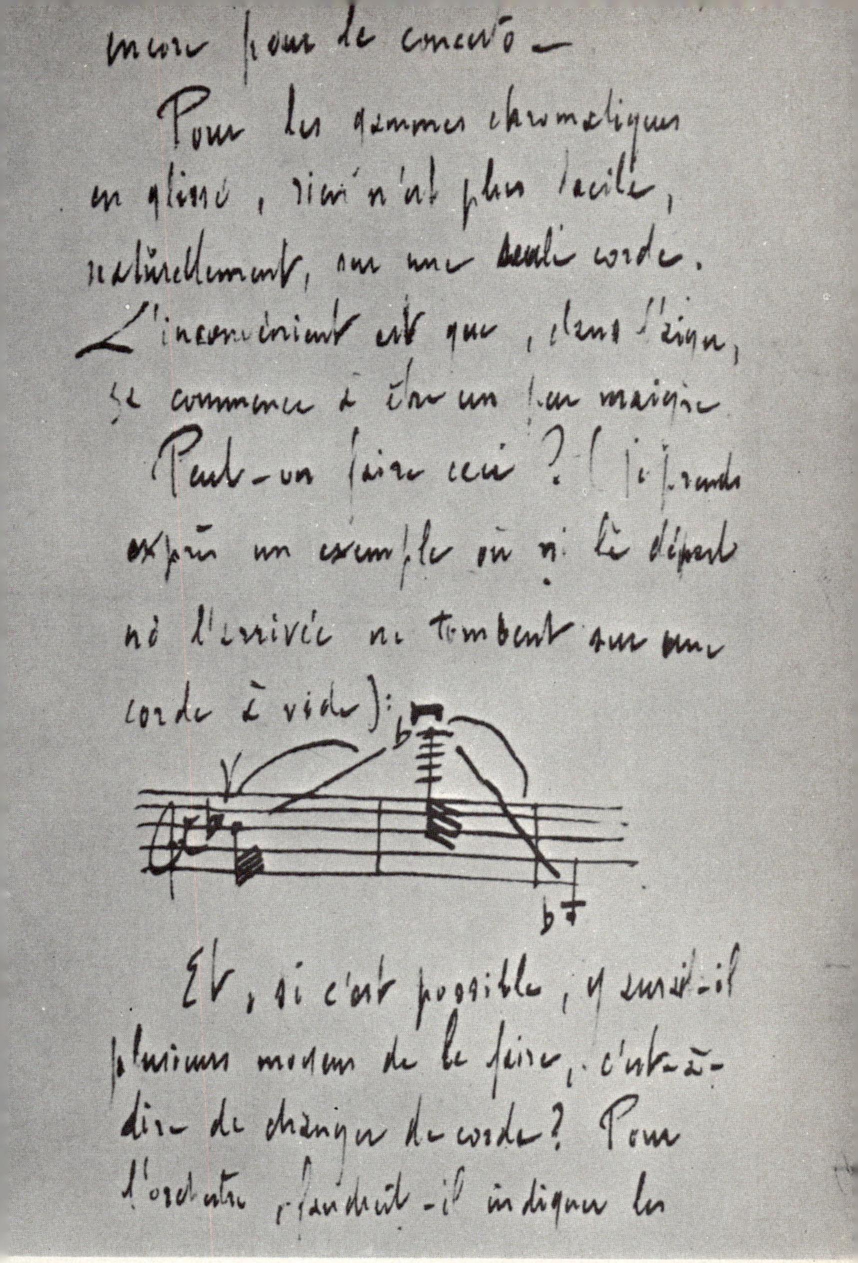

encore pour le concerto —

Pour les gammes chromatiques en glissé, rien n'est plus facile, naturellement, sur une seule corde. L'inconvénient est que, dans l'aigu, ça commence à être un peu maigre.

Peut-on faire ceci ? (je prends exprès un exemple où ni le départ ni l'arrivée ne tombent sur une corde à vide):

Et, si c'est possible, y aurait-il plusieurs moyens de le faire, c'est-à-dire de changer de corde ? Pour l'orchestre, faudrait-il indiquer les

Dieser Brief an Hélène Jourdan-Morhange entstand während der Arbeit an der «Violinsonate».

Reihung der verschiedenartigsten Taktarten. Manchmal hebt der Taktwechsel die Symmetrien eines Refrains hervor, zum Beispiel in *Tout gai*, wo ein längerer Takt in 3/4 jede Strophe in 2/4-Takt abschließt. Öfters wird die Polyrhythmie geprägt durch unregelmäßige Akzente und Interpunktionen der Prosa oder der freien Verse: das ist offensichtlich in den *Histoires naturelles* der Fall, am häufigsten im *Schwan* (vierzehnmaliger Taktwechsel in 39 Takten). Neben dieser durch den Bau des Textes bedingten Polyrhythmie unterscheiden wir eine dem Ausdruck dienende: durch sie werden zum Beispiel in den *Noctuelles* die tollen Zickzackflüge der großen Nachtschmetterlinge ausgedrückt, die blind gegen die Wände prallen, um die Lichter taumeln und sich dann in mattem Flug schlaftrunken hinaus in die Nacht verlieren. In *Petit Poucet* drücken die immer länger werdenden Takte (2/4, 3/4, 4/4, 5/4) das Umherirren der im Walde verirrten Kinder aus, die einen Weg nach dem anderen ausprobieren. Sowohl die ans Wort als auch die an den Ausdruck gebundene Polyrhythmie ist bei Ravel nichts anderes als die peinlich genaue Treue gegenüber der Natur, die Biegsamkeit einer Tonsprache, die mit den geringsten Bewegungen der Seele mitschwingt; die Töne nehmen in ihrer

Kostümentwurf von Derain für «La Valse»

lebendigen Einführung die gleiche Wahrheit wie die Worte an. Dieser unendlich vielgestaltige Realismus, den Ravel mit Mussorgsky gemeinsam hat, trägt, wie die Virtuosität im technischen Bereich, dazu bei, daß keine routinemäßigen Gewohnheiten aufkommen. Wir werden durch ihn, der alle zur Erstarrung neigenden rhythmischen Konstellationen zerbricht, zu immer neuen Einstellungen genötigt, er verhindert, daß die Musik in den einschläfernden Trott eines ein für allemal festgelegten Rhythmus verfällt; durch die Arbeit, die er uns auferlegt, zwingt er uns mit sanfter Gewalt, die Seele der Wahrheit und dem Leben zuzuwenden.

Nach der Polyrhythmie die Metronomie. Wie Verlaine so hatte auch Ravel stets eine Vorliebe für das Ungerade, «unbestimmter und leichter in der Luft auflösbar». War dies dem Einfluß der wiederentdeckten griechischen Metrik zuzuschreiben? Oder gewissen baskischen Tänzen, wie dem Zortzico im 5/8-Takt? In gewissem Sinne ist der ungerade Rhythmus der nationale Rhythmus der russischen Musik. Als großer Bewunderer Borodins konnte Ravel die fünf Achtel im zweiten Satz von dessen unvollendeter Symphonie hören. Die unsymmetrischen Gliederungen sind entschieden der Typus jener zweideutigen Anlage, «in der sich das Unbestimmte mit dem Genauen vereint». Das Finale des *Quartetts* und die *Noctuelles* sind im 5/4- oder 5/8-Takt geschrieben. Vom *Quartett* bis zur *Rhapsodie espagnole* und zum *Trio* werden die rhythmischen Gliederungen immer raffinierter. Gern wendet Ravel sehr lange Takte an: 7/8 in *Martin-Pêcheur* und in *L'Heure espagnole*, 7/4 in dem entzückenden Tanz der jungen Mädchen in *Daphnis*, 9/8, 12/8 und sogar 15/8 (!) in *Placet futile*. Der erste Satz des *Trios* liefert uns ein Beispiel des sonderbar oszillierenden 8/8-Takts, den schon Rimsky-Korsakow in *Mlada* gebrauchte und den dann auch Bartók in zwei Stücken im sogenannten «bulgarischen» Rhythmus anwandte. Manchmal wird die rhythmische Freiheit und Kompliziertheit so groß, daß jede Abteilung oder Interpunktion verwischt erscheint: da haben wir dann die fliehenden, vieldeutigen Rhythmen der zweiten *Chanson madécasse*, die kapriziösen der dritten, die wogenden Rhythmen der *Barque sur l'Océan*, die luftigen Rhythmen von *La Vallée des Cloches*, die entstellten, entfesselten Rhythmen der *Oiseaux tristes*.

Wie Fauré so ist auch Ravel ein Meister des «Gegenrhythmus». Es ist bei ihm häufig, daß der Taktstrich eine Phrase an ihrer schönsten Stelle durchschneidet, daß der melodische Akzent dem metrischen widerspricht. Der Musiker vergnügt sich daran, den Rhythmus dem natürlichen Ausdruck des Gesangs entgegenzusetzen. In *Noctuelles* und in *La Vallée des Cloches* widerspricht die linke Hand der rechten. Die überraschenden Akzente auf den schwachen Taktteilen in den Blues der *Violinsonate* und im Scherzo der *Duosonate* erinnern an die «Augures printaniers» im «Sacre du Printemps» (von Strawinsky); die trügerischen Akzente der *Sonate* schaffen im dreiteiligen Takt den Eindruck eines zweiteiligen, während im *Konzert in G-dur* (wo das Andante mit seinen Walzer-Bässen sich selbst widerspricht) im zweiteiligen Takt der Eindruck eines dreiteiligen entsteht. Im Scherzo des *Konzerts in D-dur* schweben die synkopierten, unregelmäßig angeordneten Töne im Gegenrhythmus über den hartnäckig geradtaktigen Bässen. Solche rhythmischen Zweideutigkeiten, die sich schon in der *Alborada* finden, lassen deutlich ihre Herkunft von der amerikanischen Negermusik erkennen. Anderswo, zum Beispiel in der Fuge des *Tombeau de Couperin*, geben feine und scheinbar falsche Akzente der Melodie einen irgendwie schwebenden, zögernden und labyrinthischen Charakter, der echt Ravel ist; eine leichte Verschiebung der Notenwerte genügt hier, um den Zauber herbeizuführen.

Die metrischen Überschichtungen sind oft wahre rhythmische Kontrapunkte, die manchmal zu fürchterlichen Verwicklungen Anlaß geben; denn so wie Ravel die «schwachen Taktteile» liebt, liebt er auch das «Drei gegen zwei». Günstig ist es noch, wenn die beiden übereinander gelagerten Gliederungen irgendwie verwandt oder verträglich sind, so zum Beispiel die eine einfach, die andere zusammengesetzt: ein typischer Fall ist das Scherzo des *Quartetts*, bei dem ein 3/4-Takt über einen 6/8-Takt gelagert ist. Einfachere Fälle sind auch: die Überschichtung des zweiteiligen und des dreiteiligen Taktes in *La Valse*, die vier Sechzehntel (oder zweier Sechzehnteltriolen) und einer Achteltriole in den *Noctuelles*, dreier Achtel und zweier Sechzehnteltriolen im Präludium des *Tombeau de Couperin*, sechs Sechzehnteltriolen, zwei Achteltriolen und vier Achtel in der Schlußkadenz der *Oiseaux tristes*, des 6/8- und des 2/4-Taktes in der Feria der *Rhapsodie espagnole*; auch das Finale der *Heure espagnole*, das den Chor mit der Habanera kombiniert, gehört hierher, ebenso die Gegenüberstellung des 4/4- und des 12/8-Taktes in den *Oiseaux tristes*, die mehr für die Augen als für die Ohren bestimmt ist. Komplizierter ist es im Intermezzo des *Pantoum*, wo dem 4/2-Takt des Klaviers (der sehr lange Notenwerte voraussetzt) die Streicher im 3/4-Takt entgegengestellt werden. Das ergibt eine Überschichtung, bei der die Töne niemals völlig zur Deckung gebracht werden können. Daher die offensichtliche Unabhängigkeit der einzelnen Stimmen, die Abwesenheit jeder Synchronisierung. Ein Wunder, daß sich die drei Instrumentalisten am Schluß doch noch zusammenfinden! Aber Ravel, der «Uhrmacher», hat niemals die Kontrolle des Gleichzeitigen verloren – denn all die scheinbare Unordnung ist aufs genaueste geregelt und vorausbestimmt.

Selten sind die Kadenzen im üblichen Sinne, das heißt Ergießungen ohne Taktstriche, bei denen die geschmolzene Flut der Töne alle Regeln der Zahl und des Maßes und alle Geometrik der Rhythmen hinwegschwemmt und die äußerste Grenze der Entspannung erreicht. Solche Auflösung der Metrik ist für Skrjabin charakteristisch, nicht aber für Ravel. Bei ihm gibt es kein «senza tempo», und selbst die Arpeggien in kleinen Notenwerten im ersten Satz des *Trios* sind «abgemessene» Arpeggien; nichts ereignet sich, was nicht der Disziplin und der Mathematik unterworfen ist. Denn die musikalische Zeit unterliegt einem Gesetz, und auch die Pausen werden gezählt. Ist die Musik nicht, wie Strawinsky sagte, eine gewisse Ordnung in der Dauer, eine Organisation oder Konstruktion, die gewissen Zahlenregeln folgt? – In dieser Beziehung ist wohl die Habanera als die Summe aller in diese Richtung zielenden Neigungen Ravels anzusehen; denn obwohl diese Habanera im 2/4-Takt steht, ist sie eine Vereinigung des dreiteiligen und zweiteiligen Metrums: eine Achteltriole gefolgt von zwei Achteln. Die Präzision im Vieldeutigen, die Strenge im Entfliehenden ... darin erreicht Ravel seinen Meister Fauré. Aber während Fauré sich vor allem mit dem Aufbau weich gegliederter Takte und insbesondere mit denen der flüssigen Barkarole befaßte, gestaltete Ravel die seinen bewußt scharfkantig und eindringlich; während Fauré jedes Stück in einem einheitlichen Rhythmus anlegte, paßte Ravel seine Baupläne aufs genaueste dem leisesten Erzittern der Natur an.

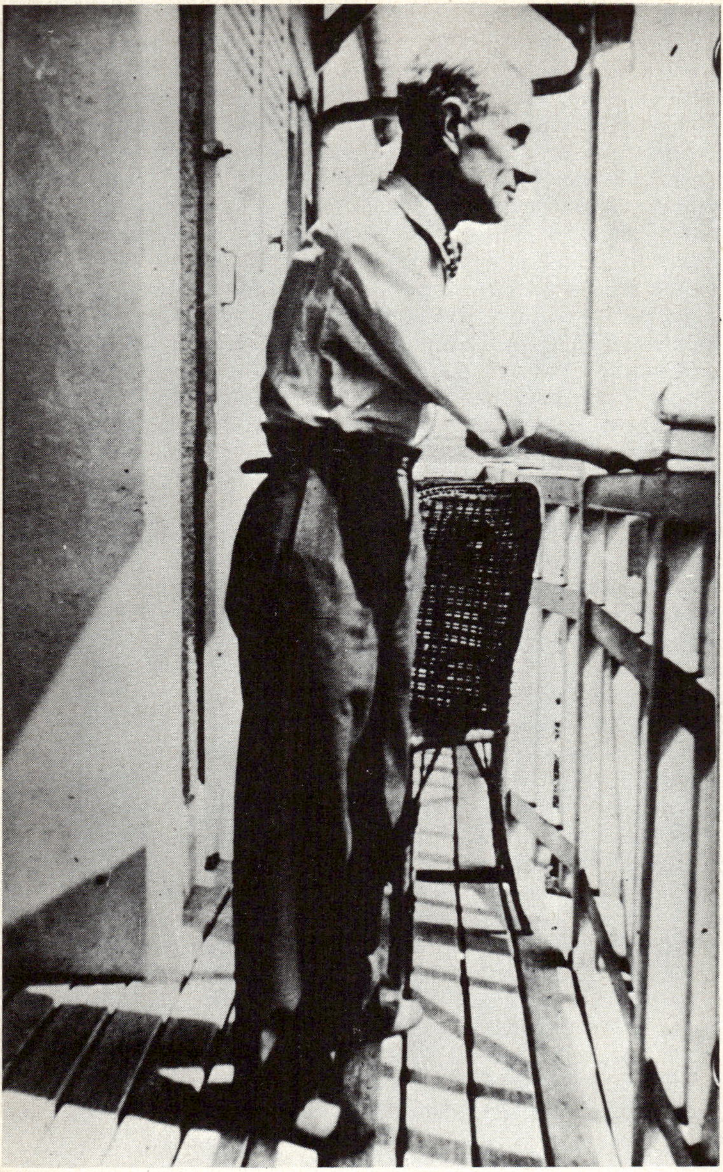

Auf dem Balkon in Montfort

Ravel. Karikatur von Aline Fruhauf

Harmonik

Die Harmonik Ravels ist vollkommen bestimmt durch eine unersättliche Neugier, die ihn zu den entlegensten Kombinationen und zu immer subtileren Gebilden führt. Er ist der Spezialist der gebrochenen Akkorde, insbesondere jener, bei denen die Oktave durch die große Septime ersetzt ist. Dieses Intervall erfüllt mit seiner Schärfe und seinem Funkeln die Musik Ravels; es vibriert auch noch in der ersten «Chanson populaire espagnole» von Manuel de Falla. Die Verwandtschaft, die durch Umkehrung zwischen den Familien der Septimen und Sekunden besteht, erklärt auch die wohlbekannte Vorliebe Ravels für das Intervall der kleinen Sekunde. In der *Alborada* und in *L'Enfant et les Sortilèges* schrumpft die große Septime zur kleinen Sekunde zusammen. Die pianistische Verwendung des Daumens begünstigte diese Vorliebe: so erklären sich jene großen «Oktaven mit Sekunden», die die Hand mit den beiden Enden greift, indem sie sich ganz flach auf die Klaviatur niederläßt. Rauhe, ätzende Sekunden! Und wie sehr hat Ravel dieses kostbare Gewürz geliebt! Manchmal, in *Scarbo* und *L'Heure espagnole*, wendet er sie hintereinander an, in parallelen Reihen und wilden Folgen – denn er hat die Sekundenläufe erfunden wie Liszt die chromatischen Oktavengänge. In *Noctuelles* zieht er es vor, eine Sekunde nach der andern hinaufzuwerfen. Öfter noch prusten sie in der Tiefe in ironischen Staccati, um Beelzebub, den «dunklen Hund» in *Noël des Jouets* zu kennzeichnen und das ungeschlachte wilde Tier in *Ma Mère l'Oye* und Don Iñigo, den schmachtenden Dickwanst in *L'Heure espagnole*, und den alten Liebhaber der *Nicolette* und alle die heiseren hustenden und wimmernden Monstren, die Ravels Phantasie entsprangen. Herbe Sekunden! Da knirschen sie, wie Satie sagte, «wie eine Nachtigall, die Zahnschmerzen hat», und sie legen mit ihren harten Reibungen unter die Melodie eine steinige Unterlage, die sie verletzt; Dornen und Kies sind sie in ihrer scharfen Dissonanz. – Aber sie verstehen es auch, die Dinge gleitend und flüssig zu machen, wie in *Jeux d'Eau*, in *Petit Poucet*, in der achten *Valse noble* und in *Martin-Pêcheur*. Dann umhüllen sie wieder die Töne mit einer Art keuschem Schauer, wie die Haut einer aufgeregten Henne – das ist dann die prickelnde Musik der *Valses sentimentales*. – Am häufigsten erscheint aber die Sekunde im Innern eines Akkords, dessen rauhes oder pikantes Vibrieren sie würzt, wie ein Vorschlag, dessen kurzer Ton weiter dissoniert. Vielleicht hat Ravel den säuerlichen Geschmack dieser Sekunden zuerst bei Borodin oder bei Mussorgsky kennengelernt; aber vor allem erscheinen sie bei dem schmerzbeladenen späten Debussy, in den «Gigues» und «Rondes de printemps», in «Jeux», «Boîte à Joujoux», den «Épigraphes antiques» und den «Zwölf Etüden». Wenn die Sekunde bei Debussy das schmerzvolle Knirschen bedeutet, so ist sie für Ravel das Frösteln der Scham – denn sie ist das kleinste mögliche Intervall, dasjenige, das die ganze Melodie atonal färbt und den Entwicklungen des Gesangs den geringsten Raum gewährt.

Die große Septime führt zum bitonalen System, wenigstens auf Grund einer zynischen Auffassung, die nicht davor zurückschreckt, aus dieser «Nebennote» die äußersten und selbst absurdesten Konsequenzen zu ziehen. Die Nebennote löst sich bei Ravel, wie Casella feststellte, im allgemeinen in andere Nebennoten auf; aber wenn wir annehmen, daß die Auflösung unbestimmt lange verzögert wird, hindert uns nichts daran, die beiden Enden des Akkords als zwei verschiedenen Tonarten angehörig aufzufassen, die sich ganz unabhängig voneinander entwickeln. Dies geschieht im Klavierpart des «Perpetuum Mobile» der *Violinsonate*. Daraus folgt, daß die Bitonalität kein Sonderfall der Atonalität ist, auch nicht der Polytonalität, sondern im Gegenteil eine doppelte Tonalität, ebenso sinnlich wie die Polytonalität asketisch ist; sie hat die Sehnsucht nach dem «Bezugssystem» bewahrt und spielt mit einer immer wieder verschobenen Auflösung, wobei dieses Hinausschieben an sich reizvoll wirkt. Ist die Dissonanz nicht der Liebeskummer des reinen Dreiklangs? ...

Polytonalität im strengen Sinne gibt es bei Ravel nur in den *Poèmes de Mallarmé*. Wenn Ravel am Schluß der *Entretiens de la Belle et de la Bête* zum erstenmal zwei entfernte Tonarten einander gegenüberstellt, so geschieht dies in dem köstlichen Gefühl, mit einer scheinbaren Gefahr zu spielen, und in der sicheren Hoffnung auf eine gute Lösung – ebenso sicher, wie die Hochzeit der Schönen und des verwunschenen Prinzen. – Zu Beginn von *Daphnis* bringt das «Thema der Nymphen», das über einem Orgelpunkt der Tonika (A) ertönt, ein Dis, das einer ganz anderen Tonart angehören könnte. Ravel führt die verkappte Bitonalität bis zum Äußersten. Man bewundert die köstliche Unbefangenheit des Cis, das sich auf dem Wege nach C-dur ruhig über einer Septime der Dominante in die Brust wirft. Aber man braucht nicht besorgt zu sein: die beiden Tonarten werden zueinander finden; dies zeigt dann der Tanz der Nymphen. Auch das kleine bitonale Intermezzo in der siebenten *Valse noble* (oben E und dann Fis, unten F und dann G) endet mit einer ganz schulgerechten Septime der Dominante von F-dur, in der die beiden Tonarten zusammenfließen. – Der einfachste Fall ergibt sich bei einem ostinaten Baß, der bei allen Modulationen der Melodie unverändert bleibt. So tritt zu Beginn der *Violinsonate* ein Orgelpunkt auf Es auf, der ununterbrochen zur Melodie in G-dur dissoniert, und in *L'Enfant et les Sortilèges* und in *Daphnis* reibt sich ein tonartfremdes Dis gegen einen hartnäckig in A-dur verharrenden Baß. Der Orgelpunkt wird bis zu dem Augenblick ausgehalten, in dem die Funken stieben und das Gehör die gewünschte Auflösung unbewußt vornimmt. Ist die Bitonalität so, wie die Polyrhythmie, nicht der äußerste Grad der Unabhängigkeit, den zwei kontrapunktische Stimmen erreichen können? – Im Vorspiel zu *L'Enfant et les Sortilèges* zeigt sich in kapriziöser Art die tonale und rhythmische Unabhängigkeit der Quintenfolge von der Kantilene des Kontrabasses und der Kinderstimme.

Dieses Infragestellen der tonalen Einheit entspricht vor allem der bei Ravel so lebendigen Lust an unerhörten Klangfarben. Man kann von einer «Bitonalität der Klänge» reden, die besonders saftig bei jenen parallelen Gängen auftritt, wo sich der eine Teil gleichsam perspektivisch in dem anderen spiegelt. Dies ereignet sich zu Beginn des *Konzerts in* dur und im Spiel der Katze in *L'Enfant et les Sortilèges*. Einer solchen verzerrten Verdoppelung, die weder eine im Einklang noch eine in der Oktave ist, verdanken die durch die Oboen, wie durch ihren Schatten, verdoppelten Flöten im *Boléro* ihr Relief, die Eigenart ihres Profils und eine Art verkehrte Beleuchtung; man könnte von einem Negativ an Stelle des Originals reden. – Die Kakophonie der Uhren zu Beginn von *L'Heure espagnole* ist eine multitonale Kakophonie. – Wenn von den beiden Händen am Klavier die eine die schwarzen und die andere die weißen Tasten greift, so klingt das wie das Geräusch von Bein und Holz. In kühlem Wagemut wird so das «tonalste» Gefühl dazu geführt, die «terra incognita» des Unerhörten und Häßlichen zu erforschen.

Zur Tonsprache Ravels gehören unbedingt auch die frischen Klänge der großen Undezime, jenes weiten Intervalls, das wie ein anmutiger Spitzbogen die Tonika mit der Unterdominante der oberen Oktave verbindet. Man könnte von einem auf Stelzen angebrachten Tritonus reden, den Ravel mit einem unmerklichen, humorvollen Zucken der Mundwinkel anwendet. Aber man müßte *Scarbo* und *Le Gibet* und *Soupir* (aus den *Trois poèmes de Mallarmé*) vollständig zitieren, wenn man einen Begriff von den auf Grund solcher harmonischer Finessen erzeugten Geschöpfe geben wollte: es sind teuflisch komplizierte Gebilde, dichte und mit Akzidentien schwerbeladene Akkorde, «Akkorde von Akkorden», mißgestaltete Merkwürdigkeiten und köstliche Monstrositäten, die mit unendlicher Leidenschaft hervorgebracht wurden. Wie hat es der göttlich einfache Komponist des *Épigraphe de Ronsard* wohl angestellt, seine Notenbilder mit einem Schlage freiwillig zu entleeren und sie mit geheimnisvollen Buchstabenrätseln zu bedecken?

Tonarten

Solche Raffinements erklären die so entschiedene Frische des Tonartencharakters bei Ravel. André Suarès hat behauptet, daß Debussy sich mehr in Dur und Ravel sich mehr in Moll bewegt. Diese Parallelisierung erscheint gezwungen. In Wirklichkeit bewegt sich Ravel weder in Dur noch in Moll: mehr als die Wiederentdeckung der antiken Monodie (denn er war keineswegs Musikologe) hat ihn das Bespiel Saties beeinflußt: die Wiederherstellung der gregorianischen Modi hat tatsächlich den schulmäßigen Gegensatz zwischen Dur und Moll vermindert. Nichts ist in dieser Beziehung charakteristischer als die zweideutige Haltung der *Duosonate*, bei der der gebrochene Dreiklang im Thema A aufsteigend in Moll und absteigend in Dur steht, oder umgekehrt, und so zwischen den beiden Tonarten A-dur und a-moll je nach der Veränderung der Mediante oszilliert: denn es ist die Terz, die zwischen Dur und Moll entscheidet. – Wenn die *Vocalise-Habanera* aus f-moll nach F-dur geht, so behält sie ihr Es und ihr Des bei; nur die dritte Stufe wird um einen Halbton erhöht. – In dem eingeschobenen Scherzo des *Konzerts für die linke Hand* ist die Zweideutigkeit vertikal, das heißt bitonal: e-moll oben, E-dur in den Bässen des Orchesters. – Am häufigsten ist das Schwanken zwischen dem Moll und der zugehörigen Durtonart: so das Spiel im *Trio* zwischen a-moll (womit es beginnt) und C-dur (womit es schließt). Im Präludium des *Tombeau de Couperin* könnte das e-moll auch G-dur sein, ebenso in der *Toccata*. Dem Paar G-dur und e-moll des *Tombeau* und der dritten *Valse noble* entspricht in *Ma Mère l'Oye* das Paar a-moll umd C-dur. Im *Rigaudon* spielt die rechte Hand deutlich in Es-dur, während die Bässe die Tonika c-moll hervorheben. Unbestimmtheit der Tonarten herrscht in der *Chanson épique* (zweites Stück von *Don Quichotte à Dulcinée*).

Manchmal gefällt sich Ravel in feineren tonartlichen Zweideutigkeiten, die, wie die rhythmischen, durch ihre weitausholende Genauigkeit das Ohr täuschen: trotz der Vorzeichnung könnte man darauf schwören, daß die *Passacaglia* in fis-moll in cis-moll beginnt, und der Schluß auf der Dominante verstärkt diese Täuschung; nur ein Dis könnte die Entscheidung bringen, aber das wird uns, wie aus Zufall, vorenthalten: bis zum siebzehnten Takt vermeidet Ravel boshafterweise diese sechste Stufe, die zu schnell die Zweideutigkeit beseitigen würde. – Noch trügerischer ist das Blendwerk in *Kaddisch*, wo man die Dominante für die Tonika halten kann: ein Orgelpunkt auf G nährt lange Zeit diesen Zweifel, bis endlich der Eintritt von c-moll die Zweideutigkeit aufhebt. – Und in *L'Heure espagnole* gibt es eine prächtige modale Habanera, deren Melodie in fis-moll steht, während die Harmonisierung in parallelen Quarten und Sexten (und später in reinen Dreiklängen) auf einem Baß in h-moll beruht. – Die gleiche Zweideutigkeit herrscht in dem Gesang *Sur l'Herbe* zwischen cis-moll (der vorgezeichneten Tonart) und einem scheinbaren gis-moll, dem das A leitereigen wäre. – Damit ist die Abneigung Ravels gegenüber der geheiligten Scheidung zwischen den Tonarten überreichlich erwiesen.

Diese Abneigung macht offenbar die künstliche Veränderung des Leittons überflüssig, die dazu bestimmt ist, die Molltonart von der zugehörigen Durtonart zu unterscheiden. Ravel erhöht den Leitton entweder aus Ironie, wie in der *Chanson romaine*, wo das H offensichtlich übertrieben wirken soll; oder im romantischen Sinne, wie in *Kaddisch*, wo das c-moll eine besonders pathetische Haltung bewirkt; oder schließlich des Pittoresken wegen, wie in *Tzigane*, wo er die Mollskala ebenso drastisch anwendet wie Liszt in den *Ungarischen Rhapsodien*. – Der Leitton war für Ravel gewissermaßen nicht vorhanden, ebenso wie fast auch nie bei Fauré. Erwähnen wir nur den köstlichen Beginn der dritten *Valse noble*, bei dem das Disis ins e-moll mit einer Art ferner Melancholie und welker Anmut hineinlächelt. Man muß feststellen, daß die Gleichgültigkeit der siebenten Stufe gegenüber der starken Anziehung durch die Tonika in ihrer Art jenem Willen zur Unempfindlichkeit entspricht, der bei Ravel nur äußerste Schamhaftigkeit ist. Diese Gleichgültigkeit verleiht den Kadenzen Ravels ihre einzigartige Patina, ihren aus Zurückhaltung und scheinbarer Schroffheit zusammengesetzten Zauber.

Diese Phrasen werden niemals nach einer Theorie geformt: einzig von seinem musikalischen Gefühl geleitet, wendet Ravel jene Modi an, die ein Musikologe mühelos als hypophrygisch (als Kirchentonart: mixolydisch) erkennen würde, wie in der dritten *Mélodie grecque*, bei der in der G-Tonart als siebente Stufe ein F eintritt; oder als phrygisch, wie in der zweiten *Mélodie grecque*, in der die zweite Stufe Gis statt A ist; oder als hypolydisch, erkennbar an der Frische der vierten Stufe, wie in der *Chanson des Cueilleuses de Lentisques* (vierte *Mélodie grecque*), wo das A-dur ein Dis zuläßt. Daher kommt auch das indiskrete Andringen des Tritonus im *Konzert für die linke Hand*, das bitonale Dis in *Daphnis*, das scharfe Dis in der *Forlana*.

Kontrapunkt

Unter diesen Umständen ist die Versuchung groß, Ravel als den idealen Vertreter der «vertikalen» Schreibweise und der harmonischen Sinnlichkeit zu definieren. Daran ist etwas Wahres. Denn Ravel entfaltete in seiner Jugend ausgesprochene kontrapunktische Virtuosität: wir erinnern nur an den so geschickten, wenn auch etwas äußerlichen Kontrapunkt im *Menuet antique*, der mit dem Menuett-Thema zugleich das Thema des *Trios* ertönen läßt. – 25 Jahre später macht Ravel im Menuett des *Tombeau de Couperin* Ähnliches, aber mit größerer Leichtigkeit, Natürlichkeit und Kunstfertigkeit, indem er das Thema der Musette unter das des Menuetts webt. Und wer würde nicht den so einfachen, ungesuchten und natürlichen Kontrapunkt in *La Belle et la Bête* bewundern, die entzückenden Kanons in der Oktave im Intermezzo von *Laideronette* oder in der Quint in der *Forlana*? – In den großen Werken, wie im *Quartett* und im *Trio* (insbesondere in dessen Passacaglia), kann man sehen, daß auch die dichteste Akkordik die lineare Schreibweise nicht ausschließt. – Aber es gibt noch Besseres: der Chor der Tiere am Schluß von *L'Enfant*

nitzki

et les Sortilèges mit seinen kanonischen Nachahmungen und dem Grölen der übereinandergeschichteten Stimmen zeigt einen den Meistern der Renaissance ebenbürtigen Kontrapunktisten.

Andrerseits liebte der Freund der Übungen und Probleme um ihrer selbst willen zu sehr die Anagramme und Kalligramme, um nicht manche jener kontrapunktistischen Spielereien zu schätzen, die in Wahrheit mehr für das Auge als für das Ohr sind. Dafür zeugt die *Berceuse sur le Nom de Fauré* und mehr noch das *Menuet sur le Nom de Haydn*, in dem er verschiedene schwierige Kombinationen versucht: die rechte Hand spielt das Thema aufsteigend, die linke absteigend und dann wieder umgekehrt, und schließlich spielt die linke Hand das Thema im Krebs und in der Krebsumkehrung, wobei das H, mit dem das Stück beginnt, als Achse dient: diese symmetrischen Spiegelungen sind natürlich mehr graphisch und optisch als akustisch wahrnehmbar.

Die kontrapunktischen Umkehrungen, die im ersten Satz des *Quartetts* stattfinden, haben wir bereits erwähnt, ebenso den Widerstreit der Themen A und C, im *Allegro für Harfe* die Kombination von C und B, in der Feria der *Rhapsodie espagnole* den Zusammenprall von C und D und in der *Duosonate* den ständigen Austausch der Linien der Violine und des Violoncellos. Vor allem beherrscht Ravel meisterhaft die Kunst, zwei Stimmen ein Gespräch führen zu lassen, zwei zarte und boshafte Stimmen, zwei geschwätzige Redner, die miteinander schwatzen und dann zwischen Himmel und Erde schweben bleiben. Großartige Beispiele für diese unvergleichliche Fähigkeit Ravels sind die Fuge im *Tombeau de Couperin*, die *Trois beaux Oiseaux du Paradis*, *Rêves*, die *Berceuse*, der erste Satz der *Violinsonate*, das Duett zwischen dem Kind und der Prinzessin in *L'Enfant et les Sortilèges* und die ganze *Duosonate*.

Lust am Abenteuer und Künstlichkeit ... nun haben wir diese beiden Aspekte der Kunst Ravels in den verschiedensten Bereichen – instrumentale Virtuosität, Rhythmik, Harmonik, Kontrapunkt – vorgefunden; jetzt steigt in uns ein Zweifel auf: Ob dieser Beherrscher so vieler Techniken nicht bloß ein genialer Seiltänzer ist? Die Überbewertung der Technik, die instrumentale Geschicklichkeit, die manuelle Fertigkeit, die absolute Beherrschung des Materials – das sind gewöhnlich Anzeichen von Dekadenz. Selbst die Geschmeidigkeit und Fügsamkeit des Materials ist beunruhigend; denn die Virtuosität ist oft nur eine «Tugend» der Epigonen so wie die Preziosität die Grenze zwischen gutem und schlechtem Geschmack. Der Geist des Taschenspielers, der sich das Werkzeug ganz untertan gemacht hat, spielt mit den Schwierigkeiten, schafft sich selbst scheinbare und begeistert sich an barockem Flitterkram. Wir müssen nun hinter all dieser Meisterschaft jene wunderbare Bewegung des Herzens aufsuchen, ohne die eine Beschäftigung mit der Musik überhaupt nicht der Mühe wert ist, und die, wie der Heilige Geist, nicht im wilden Gewittersturm weht, sondern in einem sanften Hauch.

Appassionato

«Wo das Herz nicht ist, kann es keine Musik geben.»
P. I. Tschaikowsky

Es steht fest, daß die Kunst nur eine köstliche Lüge ist, die entzückendste aller Lügen, und daß die falschen Edelsteine viel schöner sind als die echten. Das kann man sagen. Alles kann man sagen. Und man muß auch zugeben, daß Ravel selbst alles getan hat, um diese brillanten Paradoxa zu bekräftigen. Mit Goethe pflegte er gern zu behaupten, daß nur die Gelegenheitswerke ewige Dauer hätten. Oft gab er vor, auf Grund eines Auftrags zu komponieren: das *Präludium* vom Jahr 1913 für die Blattlese-Prüfung des Konservatoriums; *Frontispice, Manteau de Fleurs,* die *Berceuse sur le Nom de Fauré*, das *Menuett sur le Nom de Haydn*, die *Duosonate* (deren erster Satz für das *Tombeau de Debussy* geschrieben wurde, und schließlich *Kaddisch* (ohne die drei Prüfungs-Kantaten zu zählen) sind mehr bei zufälligen Gelegenheiten entstanden, und selbst von *L'Enfant et les Sortilèges* kann man nicht sagen, daß es aus spontanem, unwiderstehlichem Schöpfungsdrang entstand. – Nach einem gegebenen Thema zu komponieren und sich einer bestimmten Konvention anzupassen, damit kokettierte Ravel sehr; auch hierin stimmte er mit Valéry überein. Gern hätte er, wie Lully und Haydn, zur Ergötzung eines Fürsten gearbeitet.

Oft machte er sich, auch um zu schockieren, über den romantischen Fatalismus lustig, über jenen Fatalismus, der ein Gefühl einer bestimmten, unersetzbaren Form zuwies, die allein vorbestimmt war, es auszudrücken. Ravel spottete über solche ausschließliche, unverjährbare Vorbestimmung. Er selbst stellte von seinen Werken sehr gern verschiedene Versionen her, wobei es manchmal schwierig war, die ursprüngliche Version mit Sicherheit festzustellen. Er tat dies nicht nur des Vergnügens wegen, die verschiedenen Klangfarben auszuprobieren (ein Vergnügen, das er mit Liszt teilte), sondern auch, weil es ihm schließlich gleichgültig war, ob ein Werk für die Orgel oder für die Trompete oder für das Banjo geschrieben war. Musik ist Musik, das ist alles, und es kam nur darauf an, daß das Instrument seine Sache gut machte, mit seinen eigenen Klangfarben und Fingersätzen, seinen Registern und mit gewissen überraschenden Klangwirkungen. Arrangements «für verschiedene Instrumente», die wir auf Grund eines alten romantischen Vorurteils für eine Entweihung halten, hätten ihn prinzipiell nicht gestört. Das *Menuet antique* und die *Pavane pour une Infante défunte* existieren gleichzeitig in einer Klavierfassung und in einer orchestralen. Die *Alborada* und *Barque sur l'Océan* wurden instrumentiert. Die *Habanera* wurde für zwei Klaviere komponiert, ehe sie als symphonischer Satz in die *Rhapsodie espagnole* einging. *Le Tombeau de Couperin* (bis auf die Toccata und die Fuge), *Ma Mère l'Oye* und *Adélaïde* sind alle drei Ballette geworden. Die *Chansons hébraïques* und *Don Quichotte à Dulcinée* wurden ebenfalls orchestriert. Von *Tzigane* existieren drei Fassungen: für Luthéal, Klavier und Orchester. – Aber es kommt auch vor, daß die Klavierfassung die zweite Version ist und nicht die erste: Ravel hat selbst *La Valse* von 1919 für Klavier zweihändig eingerichtet und damit ein glänzendes Konzertstück geschaffen, das in bezug auf die Fingerfertigkeit den großartigsten Transkriptionen gleichkommt. Ferner gibt es von ihm Transkriptionen von *Daphnis* und *L'Heure espagnole* für Klavier allein und von *Scheherazade* für Gesang und Klavier ... Als große schöpferische Begabung hielt es Ravel doch nicht für unter seiner Würde, auch Werke anderer zu instrumentieren; wir erinnern nur an seine brillanten Orchestrationen von Werken Mussorgskys («Chowanschtschina», «Bilder einer Ausstellung»), Debussys («Sarabande», «Danse», «Épigraphes antiques»), Saties (Vorspiel zu «Fils des Étoiles»), Chabriers («Menuet pompeux»), Chopins («Nocturne», «Etüde», «Walzer») und Schumanns («Carnaval»), die zum größten Teil ungedruckt geblieben sind.

Die Masken

In jenen Paradoxa über die konventionelle Musik und über die Vertauschbarkeit der verschiedenen Arten des Ausdrucks ist viel Herausforderndes enthalten. Ravel spottet, denn er hat seine Gründe, die Romantik abzulehnen. Ravel will die Aufmerksamkeit ablenken. Wie Satie, Strawinsky und all die großen Neuerer verwischt auch Ravel ein wenig die Spuren. Dafür zeugen die *Sites auriculaires* von 1895, denen auch schon die *Habanera* angehört, deren Titel allein schon an die esoterische Hermetik der Symbolisten gemahnt. Bis zur botanischen Allegorie der *Adélaïde* ist in Ravels Schaffen ein Element der Mystifikation enthalten. So zum Beispiel auch in der Fuge im *Tombeau de Couperin*, in der das Gegenthema das wirkliche Thema ist. Und im instrumentalen Bereich werden wir mystifiziert, zum Beispiel in *L'Enfant et les Sortilèges*, wo man schwören könnte, daß die Arpeggien, die die Arie der Prinzessin begleiten, von der Harfe gespielt werden, während sie in Wirklichkeit den Klarinetten anvertraut sind. Oder im *Jardin féerique* (*Ma Mère l'Oye*), wo die Fanfaren der Trompeten von zwei Hörnern gespielt werden! ... Wir ahnen bereits, daß die Musik Ravels, wenn sie etwas ausdrückt, es durch sein Gegenteil ausdrücken muß, per contrarium.

Ravel liebt die Augentäuschung, den falschen Schein, die Holzpferde und die Attrappen. Ravel trägt Masken, und deshalb bedeutet der Karneval für ihn das Pseudonym, das zweideutige Inkognito, das galante Fest, und nicht wie für Schumann die Orgie und die tolle Verwirrung. Das Anonyme und Pseudonyme, das man der Verkleidung verdankt, dient nicht mehr zur Rechtfertigung des entfesselten Treibens am Faschingsdienstag, sondern zur schamhaften Verhüllung der Person. Heute fehlen der französischen Musik keineswegs die Hampelmänner und die Suites bergamasques. Mit Cocteau, Strawinsky und Picasso, mit Satie, Milhaud und Turina hat auch Ravel in der leichten Fröhlichkeit des Zirkus ein Mittel der Irreführung und der Flucht gesucht. Das zeigt sich etwa in *Tzigane* und in der *Alborada*. Auch muß man schon außerordentlich klug sein, um durch Kunstfertigkeit und List die eigenen Gefühle zu verdecken ... Studieren wir nun einige der Täuschungsversuche Ravels!

Natur

Vor allem hat Ravel meisterlich die Kunst verstanden, ein anderer zu werden als er selbst, und er bediente sich der äußeren Welt, um seine innere zu verschleiern: seine Kenntnis der Wirklichkeit, die verstandesmäßige Betrachtung des Universums werden bei ihm zu Formen der Scham: kurz, er spricht von den Dingen, um nicht von sich sprechen zu müssen. Bei Ravel riecht die Natur nicht nach Pappe, wie eine Theaterdekoration, er betrachtet sie im gleichen Geiste, in dem er auch die Erzeugung von Automaten und kunstvollen Werkzeugen betrachtet, und geht ganz in der Aufnahme des Gegebenen auf. Dieser Realismus erreicht manchmal eine phantastische Intensität ...

Dieser wahrhaft entsetzlichen Schamhaftigkeit steht in bezug auf die Dinge eine geradezu schamlose Offenheit gegenüber! Maskeraden sind hier noch nicht nötig: die nackte Wirklichkeit des Daseins und der Geschöpfe verschleiert jenes geheime Wissen tausendmal besser, als es die Verkleidung der Cassandre und der Colombine tun könnten. Es handelt sich jetzt wohl um ein galantes Fest! In *L'Enfant et les Sortilèges* sind es die Katzen selbst, die Miau machen, vermittels der nasalen Stimme zweier Sänger, die mit geschlossenem Munde und portamento miauen, während um sie herum die Streicher gleitend auf dem Griffbrett schwirren. Und ein wenig später, in dem nächtlichen Garten, ist es die Eule, die durch die Stimme der Pfeife hinter der Szene kreischt, im Gespräch mit der Piccoloflöte der Nachtigall. Und in der Tiefe der Nacht hört man noch das schmachtende Konzert unzähliger Laubfrösche, verschmolzen mit dem Summen der Insekten, dem Quaken der Kröten, dem Rauschen des Laubwerks und all den geheimnisvollen Gesprächen der mitternächtlichen Tiere ... In der allgemeinen Geschichte der Lyrik gibt es vielleicht nur noch die *Frösche* des Aristophanes und *Das Schlaue Füchslein* von Leoš Janáček, die mit diesen pantheistischen Chor der Tiere Ravels verglichen werden können.

Hören wir die Grille in den *Histoires naturelles*, den Pfau, der wie ein Löwe brüllt, den Eisvogel und all das Geflügel Jules Renards, das die künstlichen Kuckucke in *L'Heure espagnole* mit fleißigem Gackern und Kreischen nachahmen. Aber der Künstler imitiert die Natur nicht nur, indem er das herstellt, was sie hervorbringt, sondern auch, indem er es genauestens im Orchester wiedergibt: einerseits das klägliche Piepsen der Phantasie-Vögel in *Petit Poucet*, andererseits die wirklichen Vogelgesänge in *Oiseaux tristes* und zu Beginn des dritten Bildes von *Daphnis* ... Als Vorgänger hat Ravel die Naturalisten des 18. Jahrhunderts, Couperin und Daquin, und eine lange Reihe von Realisten, an deren Ende die Vogelballette von Liszt, Rimsky-Korsakow und Mussorgsky stehen und die sanften Nachtigallen der Musik: die der «Goyescas» von Granados, die melodiöse Nachtigall des Kaisers von China bei Strawinsky, die sich «en sourdine» entfaltenden Rouladen der «Fête galante» (Debussy) und die atonale Vokalise der Nachtigall Szymanowskis.

Heben wir noch hervor, daß Ravel keineswegs die Gefühle darstellt, die sich aus den Natureindrücken ergeben, wie Fauré, noch die Eindrükke der Dinge wie Debussy, sondern die Dinge unmittelbar. Ja, es ist die Natur selbst, mit ihren Farben und ihrem Duft nach feuchtem Gras, die in diese Musik eingegangen ist, die lebendige Natur mit Fleisch und Blut, ohne jedes vermittelnde Zwischenglied: wir berühren sie, wir fühlen sie, wir empfinden sie gegenwärtig und lebendig in der Materie, wie bei den Tieren. Sie ist gegenwärtig, wenn auch nicht in der Botanik der *Valses nobles*, so doch in der Zoologie der *Histoires naturelles* ...

Von daher kommt diese kapriziöse Unstetigkeit einer Tonsprache, die sich in den Einzelheiten der Natur mit höchster Treue verzettelt. Von daher kommt dieser mikroskopische und so genaue Realismus in der Beschreibung der Dinge. Untersuchen wir einige der Landschaften Ravels! – Noch nebelige Landschaften in den *Miroirs*; scharf geschnittene, aber ganz phantastische Landschaften in *Gaspard*. – Und vor allem die ganze Mannigfaltigkeit der Nacht: die üppigen Gerüche einer andalusischen Nacht im Präludium der *Rhapsodie espagnole*; zu Beginn des zweiten Teils von *L'Enfant et les Sortilèges* der Garten im Mondlicht, ganz erfüllt von Seufzen und Flüstern – denn das Dunkel, statt alles Lebendige in seinem düsteren Mantel zu ersticken, fördert all die tausend Laute der Schöpfung. – Erfüllt vom fließenderen und stetigeren Murmeln das Nachtstück zu Beginn des dritten Bildes von *Daphnis*, in Wirklichkeit das Ende der Nacht, die vom Tau überglänzte Morgendämmerung. – Am Schluß der *Grille* und der dritten *Chanson madécasse* die untergehende Sonne mit schwachen rötlichen Strahlen. Voll ruhiger Majestät sind die Akkorde, die das ganz visuelle Bild Jules Renards wiedergeben: «In der stummen Landschaft ragen die Pappeln wie Finger in die Luft und weisen nach dem Mond»; mehr Demut, um die Worte von Parny zu begleiten: «Der Abendwind erhebt sich, der Mond beginnt, durch die Bäume des Berges zu scheinen»: in diese unbewegte und stumme Abenddämmerung der Tropen läßt ein hypolydisches G etwas von der Frische des Südwinds eindringen ...

Kostümentwurf von P. Colin für das Eichhörnchen aus «L'Enfant et les Sortilèges»

Nach den Nachtstücken die Träume der Luft und die Spiele des Wassers! Das statische Gedicht *Oiseaux tristes* schwebt in der unbewegten Luft. Die *Noctuelles* hingegen, ein zugleich nächtiges und luftiges Bild, ist der schwerelosen «leggierezza» Liszts und Debussys verwandt: die Elfen Debussys und die Vögel und Zwerge Liszts, die vom Wind getriebenen Waldesblätter sind nicht leichter bewegt als die Nachtschmetterlinge Ravels. Die Wassergedichte Ravels haben ihren Ursprung in den «Jeux d'Eau à la Villa d'Este» (Liszt), in denen schon Ravels Lachen strömt und in der Höhe in tausend kristallenen Glöckchen schwingt ... Es ist die rieselnde Undine, die hellauf unter den Nixen lacht, während die Springbrunnen im nächtlichen Garten plaudern ... Die großen Gewässer und Wassergarben Liszts zerstreuen sich bei unserem Pointillisten zu einem Sprühregen von Tröpfchen: das perlt und glitzert und funkelt, und in der Tiefe des Parks blitzen all die schweigenden Amethyste der Nacht: selbst die Läufe des Klaviers, angeregt vom altertümlichen Klang des Cembalos, lösen sich in einzelne Töne auf und täuschen eine gewisse zarte, feingliedrige Schlankheit vor. Ravel schränkt den Gebrauch des Pedals ein; denn Pedalisierung bedeutet Beiläufigkeit, Nebel und zerfließende Einförmigkeit. Aber in dem flüssigen Element findet Ravel manchmal auch das strenge Legato wieder, den Rhythmus der Barkarolen Faurés und die Aufforderung zum Schlaf: *Une Barque sur l'Océan* schwebt auf den Kämmen der großen, geschmeidigen Wellen, die von einem Ende des Klaviers zum andern auf- und absteigen; sanft wiegen kleine Wellen das Schiffchen in *Asie* im ruhigen Triolenrhythmus; und der *Schwan*, das weiße Tier der *Histoires naturelles*, treibt kaum merkbare Streifen vor sich her, im brodelnden Wasser und im sanften Plätschern der Septolen. Um das ewige Wiegenlied der Wellen oder das frische Rieseln der Quellen in *Daphnis* oder die Spiele der Amphitrite und der Najaden in «Jeux d'Eau» nachzuzeichnen, verstand es Ravel, die Göttinnen des Meeres und der Feuchtigkeit aufzurufen. Seine Musik ist daher wohl eine Musik der freien Natur, der Winde aus fernen Welten und der großen Weite. Ein für allemal entgeht Ravel so den «Klauen des Überdrusses», der unglückseligen Subjektivität.

Aber wir wissen, daß diese glückliche Objektivität nur die Maske vor dem Geheimnis seines Inneren ist und daß der Geist der Ferne und des Umherschweifens ihm dazu dienen, selbst diese Objektivität zu verhüllen. Wenn auch die ausgestopften Vögel der *Heure espagnole* und des *Petit Poucet* den wirklichen Vögeln in *Daphnis* und den *Histoires naturelles* Konkurrenz machen, so gefällt sich Ravel auch darin, die durch Exotik und Gaukelei veränderte Welt zu erfassen. Der große Objektive kann auch Blender sein. Ravel hat auch, wie der *Schwan* in seinen *Histoires naturelles*, dem leeren Widerschein nachgejagt und nach Wolken gefischt. Es gab eine Zeit, in der der Impressionist den Dingen selbst die Bilder der Dinge vorzog, der Wirklichkeit ihren äußeren stofflichen Anschein, den festen Körpern ihre Spiegelbilder im Wasser, dem wirklichen Astwerk den Schatten der Bäume im Teich. *Miroirs*, dieser barokke und symbolistische Titel, der an Debussys «Reflets dans l'Eau»,

Partituren, mit denen sich Ravel in den letzten Jahren hauptsächlich beschäftigte

«Images» und «Estampes», an Faurés «Mirages» erinnert, scheint er nicht das Modell zugunsten seines Abglanzes zu entwerten? Aber während der Subjektive, wenn er aus sich herausgeht, nur sich selbst wiederfindet, spielt Ravel freiwillig Verstecken. In dreifacher Stufung zeigen sich seine Schliche, die drei Alibis seiner Schamhaftigkeit: der Naturalismus dient ihm dazu, sich zu verstecken, mit der Exotik maskiert er diesen Naturalismus, und durch die Fälschung maskiert er die Exotik.

Exotik

Ravels Musik, die uns in vierzig Jahren von Palästina nach Madagaskar, von Persien nach Spanien geführt hat, gleicht einer schönen Kreuzfahrt voll wunderbarer Abenteuer und entzückender Begegnungen. Die «Exotik» Ravels kann ihrer wahren Bedeutung nach nicht durch Vorliebe für das Pittoreske der fernen Länder oder durch das Interesse für die Volksmusik erklärt werden und auch nicht, wie bei Gauguin, durch die Sehnsucht nach der Unberührtheit, sondern durch die außerordentliche Beweglichkeit eines Geistes, der fähig war, alle Rollen auszufüllen, alle Gestalten anzunehmen. Eine «Exotik ohne Lokalfärbung», nannte sie Roland-Manuel. Er verstand es, mehr Spanier zu sein als Manuel de Falla, er war, wenn er hebräisch sprach, ebensosehr Jude wie Darius Milhaud, und wenn er den Zigeunerwagen bestieg, noch zigeunerhafter als

Der Hafen von Saint-Jean-de-Luz

Franz Liszt. – Gewiß, er teilte diese musikalische Vielsprachigkeit mit vielen seiner Zeitgenossen. Die russische und die französische Musik hatten schon seit langem Sehnsucht nach fernen Ländern. So wie das persische und kaukasische Asien Rimsky-Korsakow und Balakirew angezogen hatte, hatte es auch die «Péri» von Dukas angeregt, die sieben Jahre nach Ravels *Scheherazade* entstanden war. Damaskus, Persien, Indien und China waren die asiatischen Stationen des neuen Sindbad. Aber im allgemeinen Sinne entfernt sich Ravel nur selten von den Ufern des Mittelmeers.

Er war einer jener Reisenden, von denen man, wie von Jules Verne, sagen könnte: Er ist niemals weggefahren. – Auf Griechenland wurde er durch die Liedersammlung von Hubert Pernot und die Harmonisierungen von Bourgault-Ducoudray hingelenkt. – Eine besondere Rolle spielte bei ihm Spanien. Diese Verkleidung war für ihn nicht so wie alle seine anderen. Seit dem etwas literarischen Spanien der *Pavane pour une Infante défunte* (1899) ist er dieser Maske bis zu seinem letzten Werk (*Don Quichotte à Dulcinée*, 1934) leidenschaftlich treu geblieben. Spanien ... aber all den verschiedenen Spanien: dem leidenschaftlichen Andalusien der *Alborada*, in der die spitzen Arpeggien wie Dolche blitzen; dem überschwenglichen Katalonien in der Feria der *Rhapsodie espagnole* und in der feurigen Genauigkeit der Tänze aus Málaga. Ferner sind zu nennen: die baudelairesche Gleichgültigkeit der kubanischen *Vocalise*, die volkstümliche Wehmut der *Chanson espagnole*, die Besessenheit des *Boléro*, die phantastische Freizügigkeit der *Heure espagnole* und in *Don Quichotte à Dulcinée* das höfische, kämpferische und galante Spanien des 17. Jahrhunderts ... Selbst die lebendigsten spanischen Bilder Debussys – «Iberia», die «Soirée de Grenade», die «Puerta del Vino» – verblassen neben diesen feurigen, intensiven und scharfen Bildern, die von der Sonne durchglüht sind wie eine Landschaft Kastiliens. Der Baske Ravel identifizierte sich so sehr mit dem Wesen Spaniens, daß selbst die spanischen Komponisten ihn manchmal nachahmten. Die wundervollen «Nuits dans les Jardins d'Espagne» (von de Falla) wären zweifellos nicht ohne die *Feria* und das nächtliche Präludium der *Rhapsodie espagnole* entstanden.

Um 1924 verkleidet sich Ravel als Zigeuner. Es handelt sich um das ungarische – romantische – Zigeunertum, nicht um das spanische. All das, was Ravel an der spanischen Musik anzog: die Sauberkeit der Konturen, die nervöse Genauigkeit des Rhythmus, die klassische und ganz lateinische Reinheit der Formen und vor allem die Knappheit, die feurige Knappheit, die eine der Seiten des Asketismus ist, all das mußte ihn von den Zigeunern, von ihrem Flitter- und Lumpenwerk fernhalten. Bei ihnen herrscht der Rhythmus, aber er ist in einen chromatischen Nebel gehüllt, der all den Verrätereien günstig ist. Sie besitzen nicht, wie die anderen Völker, eine bestimmte Volksmusik; sie haben einfach eine eigene Art, gewisse «Formen» hervorzubringen, innerhalb derer sie in größter Freiheit improvisieren, verzieren und variieren, je nach Laune, und dann vergessen sie, was sie eigentlich gespielt haben ... Denn diese

Abenteurer haben keine «Traditionen». Als Nomaden haben sie keinen festen Besitz, kein Vaterland, und sie vergeuden alles, was sie finden; selbst ihre Musik streuen sie in alle Winde. Es ist nicht erstaunlich, daß diese stolzen Weltverächter Liszt anziehen konnten; Liszt, der pathetische Pilger, verachtete die Musik der Landstraßen nicht. Aber Ravel, die Verkörperung der Disziplin und des harten Stoffes, wie konnte er sich mit diesen Strolchen einlassen?

Fälschungen

Der Osten, Spanien, das Vagabundentum der Zigeuner, die Wiener Klänge in *La Valse* und die afrikanische Epoche nicht zu vergessen – das sind einige der falschen Spuren, auf die Ravels Taktik uns lockt. Aber das Rätsel wird noch komplizierter, weil Ravel selbst die Verschleierung noch verschleiert. Nicht nur, daß er die objektive Wahrheit dazu benützt, seine wahre Persönlichkeit zu verhüllen, so bedient er sich auch einer objektiven Wahrheit, um eine andere objektive Wahrheit zu entstellen; er sucht nach der historisch-psychologischen Wahrheit der Apokryphen, nach der Aktualität des Anachronistischen, nach dem guten Geschmack im Geschmacklosen, nach dem Reiz der unmodernen Dinge. So wie ein Historiker, der sich weniger für den Plantonismus interessiert als für das Bild Platons, wie es sich in der Schau der Magier des Mittelalters, der Pantheisten der Renaissance und der Ästhetiker Oxfords ergibt, so zieht Ravel der Szenerie selbst ein Bild dieser Szenerie vor, gespiegelt im Stil und Geschmack dieser oder jener Epoche.

Hier handelt es sich um Vorspiegelungen in zweiter Potenz. Die als Prisma gewählte Epoche wird im allgemeinen das 18. Jahrhundert sein, für das Ravel stets eine besondere Vorliebe hatte und das durch den Einfluß von Verlaine und Henri de Régnier sehr in Mode kam. Wenn er nach Madagaskar blickt, so tut er das durch einen Text von Évariste Parny, und wenn er etwas zu *Scheherazade* komponiert, so geschieht es nach der Übersetzung von «Tausendundeine Nacht» von Galland. Bei den Chinoiserien von *Ma Mère l'Oye* hat man an die Bilder von Boucher zu denken, so wie bei der türkischen Musik Mozarts etwa an die «Persischen Briefe» Montesquieus. Die Bergamasker Szenerie, die bei Fauré die Sehnsucht nach dem Unwirklichen ausdrückt, zeigt bei Ravel sowohl in der *Pavane pour une Infante défunte* als auch in *Ma Mère l'Oye* den Willen zur Täuschung, zum Alibi und zur Flucht an. Selbst das so gutgläubig als «antique» bezeichnete Menuett läßt mehr an Watteau denken als an das antike Griechenland: es geht also um das Menuett und nicht um seinen Beinamen.

Aber das Wirkliche wird nicht immer durch das 18. Jahrhundert betrachtet. Dafür zeugt die falsche malaiische Färbung im *Pantoum*. Auch in der *Tzigane* findet man, wenn man sie genauer betrachtet, eine gewisse spanische Färbung. *L'Heure espagnole* ist ihrerseits wieder etwas italienisch gefärbt, mit ihren Vokalisen und Fiorituren. Und wie erklärt man die spanische Romantik in der *Pavane*, die wie ein Bild von Velázquez wirkt, gesehen mit den Augen von Liszt? Im übrigen haben die Pavanen weder spanischen noch trauernden Charakter ... Und hat nicht Léon Bakst diesen Willen zum Alibi erraten, wenn er das Griechentum von *Daphnis* für das russische Ballett etwas tscherkessisch, skythisch und sarmatisch färbte? ...

Geben wir es endlich zu: Ravel findet die Kopie echter als das Original! Diese Suche nach dem strahlenbrechenden Medium erklärt zweifellos die für Ravels Geschmack so charakteristische Neigung zum Archaisieren, die sich etwa in der Wahl der Textdichter – Marot und Ronsard – äußert, oder in der Wahl der Dekorationen der Handlung, wie in *Ma Mère l'Oye*, im *Tombeau de Couperin*, im dritten Walzer in *Adélaïde* und in der Musette in *L'Enfant et les Sortilèges*, oder in der Nachahmung der grellen und veralteten Klänge des Cembalos. Einerseits die «Huldigungen für Rameau» in der Passacaglia des *Trios* und im feierlichen Zug in *Anne qui me jecta de la Neige*, andererseits die Anklänge an Scarlatti in den Menuetten für Haydn, Cimarosa und Couperin, in den schlanken Klängen von *Anne jouant de l'Espinette*, in der altertümlichen Neckerei von *Nicolette*, in der strahlenden Treuherzigkeit der *Sonatine* und des *Quartetts*. – Couperin war für Ravel das, was Rameau für Debussy und Dukas war, Scarlatti für Manuel de Falla, für Ernesto Halffter und Joaquín Nin, was Cimarosa für Malipiero und Gervaise und die Clavecinisten für Poulenc. Bei Ravel handelte es sich aber nicht, wie bei Debussy, um die Wiederanknüpfung an eine wirkliche nationale Tradition noch allein, wie bei de Falla, um eine asketische Rückkehr zur alten Schlichtheit ... für ihn sind die alten Formen und die «klassischen Symphonien» in Wahrheit nur ein Spiel, dessen sich der Humorist, der maskierte Musiker nur bedient, um der indiskreten Neugierde zu entgehen.

Die Musik Ravels ist daher immer mehr oder weniger im Zustand einer Fälschung, vor allem deshalb, weil Fälschung für einen Geist, der sich nicht nur in die Szenerie, sondern auch in die Personen versetzt, das Äußerste an ironischer Objektivität bedeutet. So fälschen die *Valses nobles*, allein schon durch ihren Titel, den «Carnaval» von Schumann, und die pochenden Sechzehntel im Finale des *Quartetts*, die das Finale der ersten *Klaviersonate in g-moll* zitieren, sind auch in der Art Schumanns. Dieser Geist des ironischen Plagiats kann gut der scherzhaften Laune der bei französischen Musikern so häufigen Parodie verglichen werden: Debussy, der Czerny parodiert, Séverac mit seinen Parodien von Daquin, Bordes, Albéniz und Chabrier, Chabrier, der den Überschwang in Wagners «Ring» verspottet, Satie, der alle Welt nachahmt, und sogar Saint-Saëns, der im «Carnaval des Animaux» Offenbach, Berlioz und ... sich selbst imitiert, Ravel schließlich, der so oft die Sprache Domenico Scarlattis spricht.

In die Haut eines anderen kriechen, sich darin einrichten und der andere selbst werden, «derselbe», der andere in Person: Doña Concepción, Prinzessin Florine oder die Sultanin im Serail zu Bagdad, das erfordert schon ein ungewöhnliches Anpassungsvermögen und die Kraft geistiger Einfühlung in den anderen. Aber sein eigenes Wesen zu sein und außerdem noch sein Gegenteil – sich in seinem eigenen Widerspruch zu verkörpern – das ist wohl der Gipfel geistiger Extroversion! Ist dieser Widerstreit nicht die oberste Grenze der Entstellung? Ravel hatte diese Gabe der ekstatischen Einfühlung und des umfassenden Verständnisses, die es dem Künstler ermöglicht, auch das Allerfremdeste zu verstehen und sich einzuverleiben, sich ihm zu beugen und sich selbst völlig zu vergessen. Nach der Verzauberung der Kostüme und Szenerien geben wir nun einige Beispiele für jene übersteigerte Verzauberung der Gefühle.

Er, die Vornehmheit in Person, konnte volkstümlich sein, wenn es ihm beliebte, er konnte die Gemeinheit werden, in Fleisch und Blut: der burleske Tanz des Dorkon ist schon der Späße des *Choute* würdig; die trunkene, sehr katalanische *Feria* der *Rhapsodie espagnole* und die *Chanson à boire* reichten an den «Fröhlichen Marsch» Chabriers heran und an die überschäumende Heiterkeit Milhauds. Solche Heiterkeit ahnt man hinter der freien, offenen, gesunden Fröhlichkeit des *Rigaudon* ebenso wie hinter dem Bacchanale am Schluß von *Daphnis*. Und muß man auch noch an die Rolle der volkstümlichen Rundgesänge im Finale des *Trios*, in der ganzen *Duosonate* und im ersten Satz des *G-dur-Konzerts* erinnern?

Wenn Ravel sich berauscht, so gießt er kein Wasser in seine Fröhlichkeit. Aber in seinen scheinbaren Improvisationen ist alles streng geregelt, selbst das Taumeln. Denken wir nur an den Monolog des Gonzalve in der Uhr, mit seinen großen Harfenläufen und seinen lockeren Rhythmen! An die freie Kadenz der Klarinette in *Daphnis*, das Vorspiel zum Tanz des Lyceion, nachdem mehrere Ansätze früherer Themen nach und nach versucht und verworfen wurden; an die Vorspiele zu *Scarbo* und zur *Chanson espagnole*; an die Zwischenspiele in *Ma Mère l'Oye ...*! Die Improvisation, das heißt das kapriziöse Ausprobieren, erscheint auch in *Introduction et Allegro* für Harfe, als ein Vorwort ohne Schluß, als eine Einleitung, die in nichts einleitet. Die improvisierte «Copla» des Gracioso in der *Alborada* kündigt mit ihren schmachtenden Windungen die absteigenden Triolen in den Rezitativen der *Rhapsodie espagnole* an, vor allem die der *Malagueña* und der *Feria*. Die Chromatik und die Beiläufigkeit der kleinen Notenwerte regieren in *Noctuelles* und *Oiseaux tristes*, wie die fortwährenden Tempowechsel in *Tzigane*: auch hier schon das Rubato und Portando, das Schmachten des Rallentando, die Entkräftung des Accelerando, das plötzliche Esitando. Das Metronom wird toll in der Schlußstretta von *La Valse* und in der Friska der *Tzigane*, Übergang in Panik, Aufgabe aller Zurückhaltung.

Spielerisch und zur Täuschung nimmt Ravel alles auf sich, was bei ehrlicher, verantwortungsbewußter Kunstübung am meisten schockiert: Unbestimmtheit, Rhetorik, ungefähre, gehudelte Formen. Ist es nicht die ärgste Herausforderung, gleichzeitig die kastilianische Zurückhaltung und die Hingabe an eine sich in Nebeln verlierende Leidenschaft zu lieben? Die Ungenauigkeit wird hier zur höchsten Genauigkeit, zu einer

Steigerung der Finesse, so wie bewußte Nachlässigkeit nur höchste Eleganz ist. Diese Feinheit des großen Herrn erinnert an Fauré. Sich den Anschein zu geben, etwas zu suchen, was man bereits gefunden hat; Einzelheiten anscheinend zu verachten, nachdem man sie mit äußerster Genauigkeit festgelegt hat; die Akkorde Ton für Ton abzustimmen und vorzugeben, sich darum überhaupt nicht zu kümmern ... das sind Züge, in denen sich der Schlaukopf, der schalkische, boshafte und weise Odysseus zu erkennen gibt. Schließlich noch die falsche Beredsamkeit, der falsche Glanz, die so sonderbar mit der Einsilbigkeit Ravels und mit seiner Zurückhaltung zusammenstimmen. Gewiß, Ravel zeigt sich nicht in Hemdsärmeln, ohne darüber zu lächeln, denn er hat nicht nur Genie, sondern auch Geschmack! Selbst wenn er sich gehen läßt, so ist dies immer nur cum grano salis zu verstehen. Alle Grade der Übertreibung sind vertreten: von der offensichtlich parodistischen, wie beim *Pfau* der *Histoires naturelles* oder bei Don Iñigo Gomez, der offiziösen Figur in der *Heure espagnole*, der auch ein Rad schlägt, bis zu der ganz natürlichen Majestät des *Konzerts für die linke Hand*. Zwischen diesen beiden Extremen haben Platz die *Chanson romaine*, die zugleich die Quintessenz der Übertreibung und eine Art dichter Canzone ist, und viele «pompöse» Menuette, bei denen man manchmal nicht weiß, ob man sie mit Humor auffassen soll oder ernsthaft wie das leidenschaftliche Zigeunertum.

Tanz

Es ist also unwahr, daß Ravels Musik eine ausdruckslose Unterhaltungsmusik ist; aber sie drückt sich indirekt, vieldeutig aus; sie sagt etwas anderes, als sie denkt, oder das Gegenteil: an uns ist es, ihre Umschreibungen, ihre Zurückhaltung, ihre Beschönigungen auszudeuten. Und das trifft so zu, daß selbst ihre Unempfindlichkeit allegorisch geworden ist, eine bedeutungsvolle Chiffre, der äußere Anschein einer versteckten Absicht. Die vorgegebene Gleichgültigkeit ist ebenso eine Maske wie die allegorische oder widerspruchsvolle Verstellung: Nichts, das Gegenteil oder etwas anderes, ist das nicht auch etwas?

Und daraus ergibt sich, daß – wie schon öfters festgestellt wurde – die natürliche Form dieser Musik der Tanz ist: das heißt der Stillstand, die Bewegung am Ort, die Wirbelbewegung, die, anstatt in die Welt hinauszuströmen, zu sich selbst zurückfließt, ihr Ziel im eigenen Innern findet, mit den Füßen stampft und sich im Kreise dreht: das Tun ist stationäre Bewegung geworden. Alles löst sich hier in ein Hin und Her auf, in bloße Sprünge und Figuren, Schritte vor und zurück, ohne Ziel. Alte Tänze wie die Passacaille, die vornehme Pavane, die zarte Forlana, das fröhliche provenzalische Rigaudon, das Rondeau und vor allem das Menuett. Romantische Tänze wie der Walzer. Amerikanische Tänze wie die Foxtrotts, Twosteps und Bostons in *L'Enfant et les Sortilèges*. Spanische Tänze, wie die Malagueña, der Bolero und die kubanische Habanera, das heißt der andalusische Tango.

Auch dort, wo die Musik nicht den gleichförmigen Rhythmus eines Tanzes annimmt, neigt sie dazu, sich in choreographischer Form zu entwickeln: die *Sonatine* ist eine Art Miniaturballett, ebenso das *Allegro für Harfe* und das Scherzo des *Konzerts für die linke Hand*; die *Alborada* ist ein wirkliches Ballett, ebenso *La Valse*, der *Boléro* und *Adélaïde*, wie *Daphnis, Ma Mère l'Oye* und auch *Le Tombeau de Couperin*, ein Ballett, das immer noch seinen Choreographen erwartet. R. Dumesnil hat festgestellt, daß die drei Chansons *Don Quichotte à Dulcinée* eine Tanzsuite bilden: Guajira, Zortzico und Jota aragonese. Selbst die Lyrik nimmt also bei Ravel choreographische Formen an!

Die Tänze sind bei Ravel immer ausdrucksvoll und äußerst abwechslungsreich, je nach dem Seelenzustand, den sie vorstellen sollen: die heiße, pathetische Sinnlichkeit verlangt nicht nach einer Chaconne, sondern nach einem Walzer; die Habanera ist leidenschaftlich, glühend und präzis und keineswegs so weichlich wie die Salontangos. Jeder Rhythmus hat seinen spezifischen Gefühlswert. – Andererseits sind Ravels Tänze nicht ausdrucksvoll auf Grund einer konventionellen Zuordnung einer gewissen musikalischen Form zu einer gewissen Haltung des Komponisten, sondern indirekt durch die Gefühle, die sie in uns erwecken. Es ist nicht notwendig, daß ein Musiker, um seine Trauer auszudrücken, einen Trauermarsch schreibt; auch ein Menuett oder eine Seguidilla können uns das Herz zerreißen. – Wie könnte man sonst erklären, daß im *Tombeau de Couperin*, das dem Gedächtnis von im Krieg gefallenen Freunden gewidmet ist, sechs unerschütterlich heitere und lächelnde Tänze vereinigt sind? Daß der erste, dem Gedächtnis von Debussy gewidmete Satz der *Duosonate* heitere Rondo-Refrains enthält? ... Ravels Maske, die seine Züge erstarren läßt und seinen Worten widerspricht, läßt ihn den Figuren ähnlich erscheinen, die Derain für das Ballett *Fastes* von Henri Sauguet gezeichnet hat. Von Anfang bis zum Ende hat er sich dieser Maske angepaßt, von den herrlichen ausdruckslosen Akkorden der *Sainte* (1896) bis zu dem träumerischen Zug der Quinten in *Ronsard à son Âme* (1924). Der Tanz verleiht dem Gefühlsleben Ravels eine falsche Gleichgültigkeit, eine falsche Gefühllosigkeit, eine falsche Seelenruhe; er ruft den Eindruck leichtsinnigen Unbeteiligtseins hervor, das im Dienste der verwirrenden Schachzüge der Scham steht. Der Tanz ist die isolierende Schicht seines Traumes.

Sinnlichkeit und Feuer

«Diesen Abend hat nichts angebissen, aber ich bringe ein seltenes Gefühl mit», sagt der Fischer in den *Histoires naturelles*. Welches ist nun die innere Wahrheit, deren Kunde sich uns indirekt in den Tänzen und Humoresken enthüllt und sogar auch in jener Objektivität, die, angewandt, um sie zu verhüllen, sie vielmehr verrät, durch die verdächtige Anhänglichkeit, die Ravel für gewisse Rollen zeigt? Wie einer, der viele

Frauen liebt und keine seiner Geliebten bevorzugen will und dennoch die Verwirrung nicht verbergen kann, in die ihn eine von ihnen versetzt. «Die gleichgültige Grasmücke», so lautete – wie Hélène Jourdan-Morhange berichtet – der Titel eines Liedes, das Ravel während des Ersten Weltkriegs komponieren wollte. Ravel ist dieser in der Schlinge gefangene Ironiker, diese gleichgültige Grasmücke – nicht gerade der Gleichgültige Watteaus, aber ein Halb-Gleichgültiger, ein Don Juan allen gegenüber, mit Ausnahme einer. «Oh, du gehst! Ich sehe, du entfliehst über meine Schwelle!» seufzt die Liebende in *Scheherazade* beim Anblick des Gleichgültigen, und viel später sagt der leidenschaftliche Madegasse zu Nahandove: «Du gehst, und ich werde dahinwelken ...»

Ravel hat seine «Schwächen», seine menschlichen Vorlieben, und wenn wir ihn blitzartig in ihnen überraschen, werden wir am ehesten unter all seinen Neigungen die vorzüglichste erkennen. Infolge einer merkwürdigen dialektischen Wirkung schlägt die äußerste Geistigkeit gerade im Augenblick ihrer größten Kühle mit einem Male in ihr Gegenteil um. Man darf nicht mit dem Feuer spielen. Wenn man unvorsichtig Liebesworte ausspricht, läuft man Gefahr, sich zu verlieben; wenn man unvorsichtigerweise die Zigeuner nachahmt, riskiert man, eines Tages selbst als zerlumpter und geschwätziger Zigeuner zu erwachen. So ist der Zauberer das Opfer seiner eigenen Zaubereien geworden.

Durch Übung und Disziplin sein eigenes Gegenteil zu werden, das ist ein gefährliches Spiel für leidenschaftliche Naturen, und Ravel war gewiß nicht der erste Konstrukteur, der sich fangen ließ. Er kannte sehr gut die verführerische Kraft der verbotenen Frucht; er war nicht aus Stahl, wie die Uhren der *Heure espagnole*, er hatte vielmehr von Geburt jene doppelte leidenschaftliche Sinnlichkeit mitbekommen, jene harmonische und melodische Sinnlichkeit, die die sensiblen Musiker in der Wiege mit dem Kuß der Muse empfangen. Ravel spielte selbst in der Komödie mit, obwohl er nur Zuschauer sein wollte; er, der Zeuge, das Gewissen, die spanische Grille, der Kaiser der Pagoden und der Eichhörnchen, er war gerührt wie irgendein armer Mensch. Wo war sie hin, jene schöne Kaltblütigkeit, jene überlegene Ironie, wo war sie hin? Es gab keine Kaltblütigkeit mehr, kein überklares Bewußtsein: nichts als den Ausdruck eines zarten Herzens, eines Herzens, wie alle anderen Herzen. Hütet euch vor den Taranteln, die in der Abendluft um die Hügel von Anacapri schweben! Hütet euch vor den Serenaden!

Übrigens, wenn wir noch zweifeln, so sei an Ravels eigenes Geständnis erinnert. Aus dem Tagebuch von Jules Renard erfahren wir, daß er der übertriebenen Geistigkeit der Schule d'Indys seine eigene gefühlvolle und instinktive Auffassung der Musik entgegenstellte. Wir haben richtig gelesen: «Instinktiv»! Der große Stratege und Schalk, der Liebhaber der Nippsachen, er verteidigt die heiligen Rechte der Inspiration gegen den Vorrang des Handwerks und der Technik. Ist die Unempfindlichkeit eine Maske oder die Sentimentalität eine Mystifikation?

Alfred Cortot hat behauptet, bei Ravel nur ein einziges Mal, im ersten Satz der *Sonatine*, die Bezeichnung «appassionato» gefunden zu haben.

Er übertreibt oder muß sehr flüchtig gelesen haben: die Bezeichnungen «passionné», «avec passion» finden sich bei Ravel an hundert anderen Stellen: in *L'Heure espagnole* gewiß ironisch, aber wie aufrichtig im Adagio und im Finale des *Quartetts*, im *Allegro für Harfe*, in der Feria der *Rhapsodie espagnole*, im flehenden Tanz der Chloe in *Daphnis* ... Und liest man dieses Wort nicht auch in dem unveröffentlichten Manuskript von *Myrrha*? – Und selbst dort, wo er es nicht wagt, das verbotene Wort auszusprechen, jenes Wort «Leidenschaft», an dem man sich verbrennt, wenn man es hinschreibt, und das doch in der Spitze der Feder sitzt, so fühlt man, wie er es umkreist und durch Umschreibungen ersetzt, wie «sehr ausdrucksvoll», «mit intensivem Ausdruck»: so in *Tzigane*, in der *Alborada* und in der zweiten *Valse noble*. Aber kann denn ein Ausdruck «intensiv» sein, wenn er nicht einem leidenschaftlichen Herzen entspringt? Daher kommt es auch, daß Ravel, trotz seines Vorsatzes, sich nicht erweichen zu lassen, manchmal wie ein einfacher Romantiker dem Schmachten des Ritardando erliegt. Wer nicht das köstliche *Placet futile* oder das üppige *Prélude à la Nuit* der *Rhapsodie espagnole* gehört hat, der kann nicht verstehen, was bei Ravel jene rhythmischen Unregelmäßigkeiten bedeuten; in dem flehenden Tanz der Chloe ändert sich das Tempo so in jedem zweiten Takt, während in der Habanera der *Heure espagnole* das letzte Achtel jedes Taktes etwas verlangsamt wird. Und die anmutige sechste *Valse noble* mit ihren ermattenden Schlußwendungen fürchtet nicht, die einladenden Weiden des schlechten Geschmacks abzugrasen, jenes guten schlechten Geschmacks, der nichts anderes ist als unsere menschliche Schwäche.

Erinnern wir uns auch an die wundervolle Erregung, die sich der Töne im zweiten *Epigramm* nach Marot bemächtigt, in dem Augenblick, in dem es heißt: «Seither glaube ich, von ihr ein wenig geliebt zu werden ...»

Dieser Gedanke, der, seit die Welt besteht, alle Herzen schlagen läßt, dieser Gedanke versetzt die Tasten in unmerklichen Aufruhr und läßt die Stimme leicht erzittern. Man müßte aus Stein sein, um hier zu spielen und zu singen, ohne etwas anzuhalten. – «Du bist es, den ich liebe!» flüstert, plötzlich gerührt, die fröhliche dritte *Mélodie grecque*. – In gleicher Weise ergreift das schmachtende Rubato, das Ravel mit solcher Mühe von sich fernhalten wollte, in der *Vocalise*, in der zweiten *Valse noble* und in den Fiorituren der *Heure espagnole*. An diesem Zug, in dem sich die wahre Natur eines Menschen enthüllt, erkennt man, was es ihn gekostet haben muß, sich jenen Anschein von Unempfindlichkeit zu geben. – Auch das beiläufige «Portanto» spielt eine große Rolle in den Sprüngen der Singstimme in *Placet futile* und in L'Enfant et les Sortilèges. – Erwähnen wir schließlich noch, daß Ravel auch nicht davor

Bühnendekoration für «L'Heure espagnole»

zurückschreckt, die Gesangslinien im Abstand von mehreren Oktaven zu verdoppeln, um sie so durchdringender zu machen; daß dies in der *Habanera* von 1895 und in der *Pavane* von 1899 geschah, könnte noch vom Einfluß des Verismus her erklärt werden; aber denken wir auch an die wunderbaren Stellen im *Trio*, an denen die herrliche melodische Linie von Violine und Violoncello im Abstand von zwei Oktaven vorgetragen wird; diese Setzart reicht noch bis zum *Placet futile*.

Wir haben also in Ravel einen schamhaften Gonzalve, einen sentimentalen Baccalaurus, der sich nicht rühren lassen will ... und doch oft gerührt wird. Wenn wir uns auf das wilde und fast opernhafte Pathos des *Indifférent* (drittes Stück der *Scheherazade*) berufen, so wird man zweifellos einwenden, daß die *Scheherazade* schon 1903 entstanden ist. Aber zwei Jahre später haben wir in *La Vallée des Cloches* jene große lyrische Entfaltung, die andringt und wieder zurückhält und sich über das ganze Klavier von unten nach oben ausbreitet, die auch von Massenet sein könnte. Und dann der dionysische Rausch der *Feria*, der sinnliche Taumel in *Daphnis*, mit jenem stampfenden und ermattenden Finale, und, ganz spät, die leidenschaftlichen Crescendi des *Konzerts in G-dur*, in denen Ravels Genie zu uns spricht, der lyrische Aufschwung, der die Kadenz des ersten Satzes in diesem Stück emporhebt, der die linke Hand vorwärtstreibt, deren Daumen das zweite Thema unter Trillern der rechten markiert, und dann die hinreißende Vereinigung des Klaviers mit dem Orchester!

Alle Vorwände sind Ravel recht, um sich an dem Zaubertrank der Inspiration zu berauschen. Gewiß nimmt die Ironie einen großen Raum ein in den *Valses sentimentales*, bei dem parodistischen Gonzalve in *L'Heure espagnole*, in der Parodie der Music-Hall in *L'Enfant et les Sortilèges* ... Aber was parodiert die *Passacaille*? Und der flehende Tanz der Chloe, mit seinen veristischen Akzenten, seinen ohnmächtigen Aufschwüngen, ist er vielleicht auch ironisch? Nein, das alles ist sehr ernsthaft gemeint. Ernsthaft auch die «Copla» der *Alborada*, mit ihren Spiralen und Rubati; ernsthafter noch das so üppig-schwere Intermezzo, das die *Feria* unterbricht und dessen Melodie, nach verschiedenen Modulationen und Fiorituren, schmachtend auf den unteren Grundton Fis herabsinkt: dieser Gesang ist, wie das «Prélude à l'Après-midi d'un Faune» (Debussy) wahrhaft die poetische Verherrlichung der aphrodisiaischen Sommerdüfte. So bedeuten die Tonadilla und die Kadenzen hier inmitten des Sarkasmus eine Oase des Sichgehenlassens. Das Heidentum in *Daphnis*, die orientalische Erotik in *Scheherazade*, die mystische Erhebung in *Kaddisch* ... das sind Dinge, die man gewiß nicht mit der leichtfertigen Galanterie der *Adélaïde* verwechseln darf.

Gleichzeitig mit den Masken fallen auch, einer nach dem anderen, die Gemeinplätze, die die Mitwelt über diesen Künstler verbreitet hat. Man wollte ihn wohl sehr künstlich haben, aber nicht groß. Goldschmied, Juwelier, Konditor, Spezialist in «Kleinigkeiten» nannte man ihn, um den erklügelten, kleinlichen Charakter seiner Kunst zu kennzeichnen. – Was hätten aber bei einem Goldschmied die leidenschaftlichen Ausbrüche zu bedeuten? Denn er ist nicht nur der Trommler der *Noël des Jouets* und der *Laideronnette*, der Instrumentator des Backwerks und der Nußschale: er ist auch der Autor des grandiosen *Konzerts für die linke Hand* und der *Tzigane*; er ist auch der Dirigent des Grillen-Orchesters, das im Finale des *Trios* jenen gewaltigen Hymnus anstimmt, bei dem man nicht weiß, was man mehr bewundern muß: die Pracht der Akkorde, den so natürlichen Sinn für Größe, den unwiderstehlichen Atem der Inspiration. – Wundervolles *Trio*, wahrlich das Meisterwerk dieses edlen Herzens! Der Fürst der Blattläuse war, das müssen wir zugeben, nicht engherzig ... Jenseits der Pünktchen und Spielzeuge, jenseits sogar des fernen Horizonts, läßt uns das ungeheure Pianissimo, das *Le Grillon* (zweite der *Histoires naturelles*) beschließt, die sich über die Landschaft ins Unendliche erstreckende Nacht erschauen. Er, der nahsichtig sein mußte, um uns von den Füchsen und Heuschrecken zu erzählen, er besaß auch den großzügigsten, alles umfassenden Sinn für das Unbegrenzte, den es nur geben konnte.

Aber es kommt auch vor, daß diese Kraft sich übersteigert, sich erregt und im Innern des Humoristen ein sehr eigenartiges Maß an Wildheit entdeckt. Betrachten wir aufmerksam diese wilden Akzente, die uns vielleicht die unbändige Seite seiner Natur enthüllen werden! Das sind die jähen Ausbrüche, das zornige Brüllen des Wolfes – im allgemeinen zwei scharf dissonierende Akkorde, die gegeneinanderprallen, ein Schrei des Aufruhrs, ein Wutgebrüll.

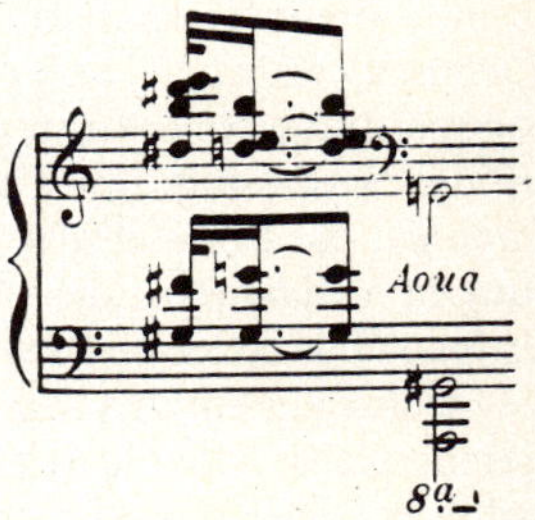

«Aoua! Hüte dich vor den Weißen, den Bewohnern der Küste!» rufen die freien Madegassen, die sich gegen ihre Unterdrücker erheben. – Und das schlimme Kind in *L'Enfant et les Sortilèges* ruft ganz ähnlich: «Hurra! ich bin frei, schlimm und frei!» Dem Aufstand des Kindes gegen die Zucht der Familie antwortet an anderen Stellen der Partitur das Gebrüll der gegen die Menschenkinder verbündeten Tiere. Auch in *Daphnis* bellen die beiden rauhen Akkorde während der Tänze des Dorkon und der Seeräuber und im Laufe des abschließenden Bacchanales. Sie sind auch der Ruf Scarbos, des mitternächtlichen Zwerges. Dieser Ruf drückt einen revolutionären Protest aus gegen die Ordnung, die Tradition und das Gesetz, einen Aufstand der Natur gegen jene Grenzen, die der Künstler sich selbst auferlegt, eine freiheitliche Forderung nach Einsamkeit. Selbst im *Perlhuhn* (Nr. 5 der *Histoires naturelles*) und in der *Duosonate* gibt es echte Zornausbrüche. Aber das sind nur kleinere Zwiste. Es kommt auch wirklicher Aufruhr vor: der romantische Sturm in *Grands Vents venus d'Outre-Mer*, der Fanatismus der *Tzigane*, die Trunkenheit der *Alborada*, die Heftigkeiten in *La Valse*, der keuchende Schluß des *Boléro*, alles so charakteristisch für die Ängste, Verzweiflungen und Gelüste der Nachkriegszeit. Aber nichts ist verblüffender als jener Zorn, jener göttliche Zorn, der im Dienste der Freude steht, der das Leben bejaht anstatt das Nichts zu suchen: die wunderbare Bosheit der *Rhapsodie espagnole*, mit ihren niederschmetternden Entspannungen und unendlichen Zärtlichkeiten im Orchester – einem Orchester, das in seiner Gewalt einmal die elektrische Geschmeidigkeit einer Katze, bald die Wildheit einer Naturkraft hat, einem rasenden, hüpfenden, elastischen Orchester, das grausam zu stechen, aber auch sanft zu streicheln vermag ... Anmut und Gewalt – ist das nicht überhaupt der Wahlspruch der französischen Musik?

Undine, die weint – Undine, die lacht ... Alle Paradoxa Ravels sind in diesem Gegensatz von Vertrauen und Humor enthalten, in diesem Willen, ein Herz zu beschwichtigen, das von Natur aus feurig und gewalttätig ist. Es scheint, daß dieser Konflikt in dem Widerstreit der beiden Themen von *Scarbo* zusammengefaßt ist:

A, mit Siebenmeilenstiefeln ausgestattet, mit großen Schritten auf- und absteigend; B, am Ort Pirouetten machend, gehemmter Schwung.

Dann noch die *Alborada*, dieses zweideutige Ständchen, in dem Mathematik und Leidenschaft, Humor und Zartheit eine sonderbare Verbindung eingegangen sind. Wie gut dieser Uhrmacher die Fallen kennt, die seiner harren! Einige der Vorsichtsmaßregeln, die er gegen die Dämonen der Gefälligkeit getroffen hat: zunächst das «unterbrochene Ständchen», das heißt: die erdrosselte Durchführung. – Mit ihren prächtigen Habaneras, die den Appetit erwecken und dann absacken, ist *L'Heure espagnole* als Ganzes eine Reihe von «unterbrochenen Ständchen», ein «Skizzenbuch». Auch die *Alborada del Gracioso* wirft bei jedem Schritt als Köder eine gefühlvolle Melodie aus, die sie einen Augenblick später wieder aufgibt, während wir verdutzt dastehen und die Fagotte hinter den Mänteln lachen; im Augenblick, da wir sie ernst nehmen, macht sie schon eine Pirouette.

Der Symphonie zieht Ravel die rhapsodischen Variationen mit ihren Tänzen und volkstümlichen Gesängen vor. Die asketische Knappheit, die sparsame Verdichtung und eine Art Selbstbeschränkung in der Melodienbildung stellen eine zweite Form des «unterbrochenen Ständchens» dar. Das spürt man deutlich in den kurzen Meisterwerken wie *Là-bas vers l'Église* (zweite der *Cinq Mélodies populaires grecques*, 1907), der dritten *Valse noble* und in der ständchenhaften *Flûte enchantée* (Nr. 2 der *Scheherazade*, 1903), wo Ravel pochenden Herzens der melodischen Stimme der Sirenen, dem verbotenen Gesang, lauscht und sich fragt, ob er es wagen darf, einzugreifen ...

Diese außerordentliche Zurückhaltung ist bei ihm nicht so sehr ein Kunstmittel, um unseren Appetit zu reizen, als ein Gegenmittel gegen die literarische Weitschweifigkeit und Geschwätzigkeit und gegen das automatische Abschnurren der Musik. Das anscheinend Unzusammenhängende der Sprache Debussys und Ravels besteht in Wirklichkeit in einer Angst vor deklamatorischen Phrasen, in einer Beschränkung auf das Wesentliche. Es geht um die Entleerung des Wortschwalls! Dies leistet auch die teuflische Zerstückelung im dritten Satz der «Faust-Symphonie» Liszts. Welcher heldenhaften Selbstentäußerung bedarf es, um so das Pathos zu ersticken! Es ist nur die Schamhaftigkeit, die hier Ravel von Liszt unterscheidet. Die Ständchen Liszts sind selten unterbrochen. Wenn Liszt einmal aufgebrochen ist, so hält er nicht so leicht inne ...

Eine dritte Form des unterbrochenen Ständchens stellt das verkürzte Crescendo dar. Gewiß gibt es auch bei Ravel Crescendi, die ständig ansteigen, wie zum Beispiel die Musette im Menuett des *Tombeau de Couperin*. Der *Boléro* ist nichts anderes als eine Studie stufenweisen Crescendos, bei der die einzelnen Stufen mit einer Art unerschütterlichem Phlegma grausam bemessen werden. *La Valse* kennt beide Formen des Crescendos gleichzeitig: das sich allmählich bis zum Schwindel steigernde Crescendo und, 54 Takte vor dem Schluß, das durch ein Pianissimo brutal abgeschnittene Forte. In der *Alborada* werden die Nerven durch explosive Crescendi hart erschüttert, durch sehr kurze und dicht gedrängte Crescendi, ebenso auffallend wie der Gracioso selbst.

Das unterbrochene Ständchen wird so zu einer Schule der Ernüchterung, denn seinem Wesen nach drückt es den Absturz des Ideals ins Leben aus. Während die *Grille* die schließlich in Poesie verwandelte Ironie darstellt, bedeutet der *Schwan* vielmehr die Enttäuschung, das heißt: die durch die Prosa des täglichen Lebens abgewürgte Poesie: der hehre Vogel Lohengrins ist fett wie eine Gans, sein weißes Gefieder ist nicht mehr ganz weiß; er ist nur mehr ein Geflügel ... Man darf sich nicht an die Worte halten, wenn man gegen die Entzauberung gefeit sein will. Dazu dienen die harten Staccati, die Staccati des *Scarbo* und des *Pantoum*, die mit ihren feinen Stichen die romantische Wolke durchlöchern. Wie Debussy und Liszt kannte auch Ravel den schneidenden und ätzenden Charakter der tiefen, staccato eingesetzten Töne. Er wußte, daß sie verhindern, daß wir zu Narren gemacht werden, und daß sie vor bitteren Enttäuschungen bewahren; die Staccati, die das eitle Geschwür aufstechen, beschleunigen den Abbau der Aufschwellung.

Diesen Gegensatz erklärt das so leicht erkennbare doppelte Gesicht der Melismen Ravels – die lyrische Ergießung und das Spiel. Nachstehend drei nahverwandte Motive:

Im Garten von Montfort

Ondine

Daphnis

Soupir

Die so großzügige Kurve von *Soupir* (Nr. 1 der *Trois Poèmes de Mallarmé*), die eindringliche Poesie des Sirenengesangs in *Ondine*, und den gewaltigen, aus der Tiefe der Erde aufsteigenden Gesang vom Beginn des dritten Bildes von *Daphnis*, wenn der Himmel allmählich hell wird und die ganze Natur um den eingeschlafenen Daphnis herum zittert und sich reckt.

Der Gesang gefällt meiner Seele ... heißt es in der dritten *Chanson madécasse*. Die lange melodische Linie, die sich im Adagio des *Konzerts in G-dur* entfaltet, mit ihren pathetischen Durchgangsnoten, die Arie der Prinzessin in *L'Enfant et les Sortilèges* und *Kaddisch* zeigen die unerschöpflichen Gaben der Natur und eine sich unaufhörlich erneuernde melodische Inspiration. – Aber es gibt noch einen anderen Melodietypus, schlanker als jener und leichter beschwingt – nicht der breite Strom wie in *Daphnis*, sondern ein köstliches Geplauder, dessen Abschweifungen und Wiederholungen in spielerischer Art die Leichtfertigkeit unterstreichen. Altkluge Frische, raffinierte Einfachheit und gelehrte Naivität – könnten jene Widersprüche den Zauber erschöpfen? Gleichzeitig volkstümlich und verfeinert, weitschweifig und knapp, fern und nah, unschuldig und geziert, von besonderer Feinheit im Kindlichen – diese zarten Melismen erscheinen in den französischen Rondeaux der *Duosonate*, in den Themen des *Quartetts* und der *Sonatine*, in der dritten *Valse noble*, in der Pastorale von *L'Enfant et les Sortilèges*, im Intermezzo des *Rigaudon*, in den *Beaux Oiseaux du Paradis*, in der *Berceuse sur le Nom de Fauré*, ganz zu schweigen von *Laideronnette* und der Pavane in *Ma Mère l'Oye*; auch im Andante des edlen *Konzerts für die linke Hand* und im Adagio des *Klavierkonzerts in G-dur* erklingt die kindliche Melodie.

Dies das musikalische Profil: in seiner Gesamtheit arglos und wollüstig mutwillig und höchst poetisch, so eigenartig, daß ein musikalisches Ohr es unter Tausenden heraushört. Manchmal verhüllt eine unmerkliche Melancholie jene Heiterkeit wie eine Wolke von Tränen. Wenn man die *Sonatine* oder die Fuge im *Tombeau de Couperin* spielt, krampft sich einem das Herz ein wenig zusammen, ohne daß man recht weiß, warum ... Edle Traurigkeit, Traurigkeit des Lebens, Traurigkeit, die der Humor im allgemeinen ausstrahlt, Traurigkeit der Zurückhaltung, die ein ungestümes Herz sich auferlegen muß! Sie fühlt man wohl in der unterdrückten Glut der *Sonatine*, in jenen Finten, Kapriolen und Schauern und in jener fernen phantastischen Atmosphäre, die sie wählt, um zu uns zu sprechen.

Schließlich ereignet es sich auch, daß die Scham allzu stark wird. Dann schafft sich Ravel eine sorgsam undurchdringlich gemachte Maske, in der Hoffnung, daß nichts durch sie durchscheinen wird. Wie aber verhindern, daß sich in *Nahandove* die Zärtlichkeit nicht auch unter der exotischen Hülle einer vorgetäuschten Gleichgültigkeit offenbart? *Sans aucune nuance* lesen wir an der Spitze der *Sainte* (Gesang nach Worten von Mallarmé, 1896), und im Trio des *Menuet antique: Sans aucune accentuation*. *Sans expression* schreibt er paradoxerweise über die so intensiv lyrische, aber ohne jedes Ritardando zu spielende melodische Linie, die den Mittelteil von *Le Gibet* (zweites Stück des Klavierwerks *Gaspard de la Nuit*, 1908) bildet. Ohne Ausdruck diese so ergreifende und pathetische Stelle, die einen bis auf den Grund der Seele erschüttert? Macht er sich über uns lustig oder spielt er ganz einfach, nach dem Vorbild Saties, die Komödie der Gleichgültigkeit? Je größer seine Ergriffenheit ist, desto mehr nimmt Ravel einen farblosen, freundlich gleichförmigen Ton an.

Die antiromantische Einstellung Ravels war wohl eine Reaktion gegen den Romantiker, der er hätte werden können, wenn er seinen Willen gebeugt hätte. Nicht nur die erste Chanson des *Don Quichotte* ist romantisch. Gewiß, die etwas romantischen Stellen in *Gaspard de la Nuit* sind mehr Dekoration und Fälschung: weder ist *Le Gibet* eine hoffmanneske Szene noch die *Ondine* eine Lorelei, noch die phantastische Nacht des *Scarbo* eine Walpurgisnacht. Ravel stand auch im allgemeinen dem Presto Mendelssohns viel näher als den Mondnächten Schumanns ... Aber Ravels Geschicklichkeit ist die Maske eines pathetischen Inneren. Ravel ist die unterdrückte Lüsternheit, die zurückhaltende Freundschaft, die Kraft, die nicht alles aus sich herausholt. Er ist keine gespaltene Persönlichkeit, aber er ist, wie der Harlekin der *Alborada*, eine buntscheckige, phantastische und widerspruchsvolle Gestalt. Er ist voll Spott, aber auch voll Glut.

«In der Kunst», sagte Debussy, «hat man oft gegen sich selbst zu kämpfen, und die Siege, die man dabei erringt, sind vielleicht die schönsten.» – Das, was man Ravels «Geschmack» nennt, jenen köstlichen Geschmack, der aus Maßhalten, Ablehnung und feinstem Unterscheidungsvermögen zusammengesetzt ist, dieser gute Geschmack ist vielleicht nur ein erstickter schlechter Geschmack, das Bewußtsein des schlechten Geschmacks, des guten, und seiner selbst – eine wachsende Duldsamkeit, entstanden aus Gewissenhaftigkeit. Die lasterhafte Preziosität – ist sie nicht ein Spiel mit dem schlechten Geschmack? Steht hier nicht unbewußt im Hintergrund der «Verzicht» – das wahre Heldentum des guten Geschmacks? ...

So sind die Spiele der Liebe und des Humors. Vernünftig und leidenschaftlich – oder vielmehr Leidenschaft und Vernunft kommen sich auf halbem Wege entgegen, ewig unterbrochene Deklamationen ... Ist die französische Musik nicht als Ganzes eine *Alborada*?

Hier angelangt, sind wir vielleicht in der Lage, die Welten Ravels und Debussys klar abzugrenzen. Im technischen Bereich sind die Unterschiede deutlich und unbestreitbar. Debussy ist sein ganzes Leben lang der Ganztonskala treu geblieben und den verschiedenen übermäßigen

Illustration von Toulouse-Lautrec zu den «Histoires Naturelles»

Dreiklängen, die sie umfaßt. Bei Ravel gibt es kaum Spuren der Ganztonleiter, höchstens ist sie in *Jeux d'Eau* und *Une Barque sur l'Océan* vage angedeutet. Die große Septime ist das für Ravel charakteristische Intervall; mit Debussy hat er die parallelen Septimen- und Nonengänge gemeinsam, wie auch die große Sekunde und die Neigung, dissonante Akkorde ohne Vorbereitung einzuführen und ohne Auflösung zu verlassen. Bei Ravel sind aber die Dissonanzen härter und statischer, mehr in sich selbst beruhend als bei Debussy. Daher auch in den *Valses nobles* und in *L'Enfant et les Sortilèges* jene unbeweglichen Vorhalte und jene Akkorde ohne Auflösungsmöglichkeiten, die uns so gut bekannt sind und die vor allem die entschiedene Herrschaft der Dissonanz anzeigen; daher auch die Bitonalität, die symbolisch das gleichzeitige Dasein und die gleichzeitige Gegenwart aller Geschöpfe ausdrückt und eine harmonische Atmosphäre hervorbringt, in der die im Vergehen begriffenen Akkorde vibrieren und erschauern und sich in göttlicher Zweideutigkeit durchdringen.

Zur genaueren Untersuchung wollen wir Debussys und Ravels Vertonungen der Mallarmé-Gedichte vergleichsweise betrachten: Zunächst ist erstaunlich, daß es nur bei der Wahl des dritten Gedichts eine Differenz gab: Debussy entschied sich für das gleichgültige Gedicht «Éventail», während Ravel, der immer die Schwierigkeiten suchte, ein geheimnisvolles Sonett (*Surgi de la Croupe et du Bond*) wählte. – In *Soupir* verwendet Ravel viel mehr Töne als Debussy; die sehr geschlossene Gesangslinie stützt sich auf helle Arpeggien, die wie Flitter strahlen. Über die gleichen Verse schrieb Debussy eine Art Madrigal im Stil Verlaines; die mehr in sich selbst ruhende und oft unbegleitete Gesangslinie schwebt über sanften, luftigen Akkorden, die einem zärtlich die Wange streicheln. – Und «Placet futile» wird bei Debussy ein zartes Menuett in Zwischenfarben, eine Art Rondell, mit leichten, zitternden Gruppetti von je vier Achtelnoten, die aus dem Klavierpart erblühen. Der Ausruf

«Prinzessin!» ist bei Debussy aufsteigend, bei Ravel absteigend. Dieser entfaltet nach einem längeren Klaviervorspiel eine barock-preziöse, etwas schwülstige Melodie, die die Gesangslinie krümmt und ihr große Sprünge auferlegt. Der Klaviersatz, in dem sich die kühle Bewegung der großen Septime – der Nebennote – entwickelt, ist ebenso reich wie klar. – Nur einmal stimmen die beiden Komponisten überein; bei den Worten: «Chez tous broutant les vœux et bêlant aux délires», die von ihnen ähnlich mit parallelen, aus aufgetürmten Terzen gebildeten Septakkorden harmonisiert werden.

Die gleichen Eindrücke erstaunen einen, wenn man hinterher die angstvolle, üppige «Sonate in g-moll» für Klavier und Violine von Debussy und die helle *Sonate in G-dur* von Ravel anhört. Man vergleiche auch die blendende *Ondine* aus *Gaspard de la Nuit* mit der *Ondine* im zweiten Heft der «Préludes» Debussys, mit ihrem sanften Funkeln, ihrem Schillern und ihrer weichen, hingebenden Stimmung! Oder die beiden Toccaten: die des *Tombeau de Couperin*, die arbeitet und sich dreht wie ein Motor und unerbittlich auf die Tasten hämmert, und jene der Suite Debussys «Pour le Piano», kapriziöser, weiblicher, mit unbestimmbaren ersterbenden Vibrationen um die einzelnen Töne. Die verschiedenen Eigenheiten der Stile Debussys und Ravels erkennt man auch, wenn man das sanfte, verwischte, dunstige Spanien der «Sérénade interrompue» Debussys mit dem leuchtenden Andalusien der *Alborada* vergleicht, oder wenn man die beiden Widmungen an Haydn einander gegenüberstellt: Debussy hat über den Namen Haydn einen wogenden, phantastischen Walzer komponiert, der wie eine Improvisation anmutet, Ravel ein schlankes, künstlich alt erscheinendes Menuett, die Fälschung einer Fälschung.

Kostüm der Laubfrösche in «L'Enfant et les Sortilèges» (M. Terrasse)

Kaum wahrnehmbar, aber höchst aufschlußreich ist auch der Unterschied zwischen dem Orchester Debussys und dem Orchester Ravels. Bei Debussy: mehr Nonchalance, Grau in Grau und Schmelz; bei Ravel: metallischere Klänge, schärfere Rhythmen, härtere und schneidendere Stimmung. Deshalb verlangt auch die Orchestration Debussys von den Ausführenden gewissermaßen ein Neuschöpfen, während der Orchestersatz Ravels die Tätigkeit der Ausführenden auf die genaueste Wiedergabe des Notentextes beschränkt. Die Gassenhauer in «Iberia» – Fragmente von Habaneras, Musik aus der Ferne – drehen und zerfasern sich träumerisch am Rande der Nacht, während die kantigen und gewichtigen Volkslieder in der *Rhapsodie espagnole* in ihrem ganzen Umfang erscheinen. «Fêtes», die zweite der «Nocturnes» Debussys, beschwören ein ausklingendes, in der Entfernung fast traumhaftes Volksfest herauf, gedämpft durch den Nebel, zerstückt durch unsere Träumereien, während die sprühende katalanische *Feria* der *Rhapsodie espagnole* ganz in Sonne getaucht ist. – Nicht Ravel, sondern Debussy sucht die regenfeuchten Gärten, die graue Landschaft Schottlands, den australischen Herbst! Keine Poesie der Welt kann ergreifender sein als Debussys Verfahren der fragmentarischen Anspielung und des Unbestimmten; das schnürt einem die Kehle zu und erschüttert einen zu Tränen. Aber im instrumentalen Kolorit reicht es an Ravel nicht heran.

Größere Unterschiede zwischen den beiden ergeben sich bei den Formen und Gattungen. Ravel hat sich ohne weiteres der klassischen Disziplin unterworfen; der Sonatenform mit ihrer Kontrastierung zweier Themen: Für seinen Geschmack an der logischen Strenge des musikalischen Aufbaus zeugen hinlänglich das *Trio*, das *Quartett*, zwei *Konzerte*, zwei *Sonaten* und eine *Sonatine*. Die versuchte strenge Architektonik von *Daphnis* widerspricht Herrn Croche (Debussy), der das gelehrte symphonische Spiel verspottet. Dieses Spiel gefällt Ravel, wie alle Spiele, und vor allem wie die kontrapunktischen Übungen. Selbst eine Freske wie die poetischen *Jeux d'Eau* hat zwei Themen und eine Reprise wie eine Sonate. Ravel pflegt aber nicht nur die Durchführungen, er liebt es auch manchmal, den traditionellen Aufbau zu verschleiern. Aber er schätzt die Konstruktion und unternimmt es zuweilen gern, sich auch grundlosen Vorschriften anzupassen. – Die so unähnliche Entwicklung der beiden Komponisten spiegelt getreu die Gegensätze ihrer Naturen wider.

Und dennoch zeigt die Kunst Ravels manche Besonderheiten, die sehr gut mit der Kunst Debussys übereinstimmen können. In Wirklichkeit weist Debussy ebenso Züge Ravels, wie Ravel Züge Debussys auf. Ravel kann sogar «debussystischer» sein als Debussy selbst. Das sieht man deutlich in jenem *Martin-Pêcheur* der *Histoires naturelles*, dessen Weichheit bereits Debussys «Brouillards» und «Feuilles mortes» ankündigt. Und da schon vom Nebel die Rede ist, so erinnern wir uns an den Schluß der achten *Valse noble* und auch an den des Menuetts des *Tombeau de Couperin*, wo die Zeichnung ihren scharfen Umriß und ihre Kanten verloren hat. *La Vallée des Cloches* und *Oiseaux tristes* bedeuten

Porträt Claude Debussys von Marcel Baschet. Rom, 1884

innerhalb der *Miroirs* das, was der *Schwan* und der *Eisvogel* innerhalb der *Histoires naturelles* bedeuten – eine Kunst des Impressionismus und eine gewisse Technik der verwischten Zeichnung. Und schließlich ist auch noch an den an Debussy gemahnenden Frühling in *Daphnis* zu erinnern! – Hingegen haben die *Jeux d'Eau* vielleicht ihrerseits die «Estampes» Debussys beeinflußt wie die *Rhapsodie espagnole* dessen «Parfums de la Nuit». Vor allem ist der berühmte Orgelpunkt der *Habanera* Ravels vom Jahr 1895 über *Lindaraja* bis zur *Soirée dans Grenade* zu spüren. Es ist auch möglich, daß sich die Verhärtung der Klänge, die sich in den letzten Werken Debussys, von «Images» bis zu «Jeux» bemerkbar macht, zum größten Teil auf den Einfluß von Ravel zurückzuführen ist. Wenn sich Debussy von dem Jüngeren bedrängt gefühlt hät-

Zeichnung von Raoul Dufy für eine Notenbeilage der «Revue Musicale» zum Gedächtnis Claude Debussys mit Auftragskompositionen von Bartók, Dukas, de Falla, Goossens, Malipiero, Ravel, Roussel, Schmitt, Satie und Strawinsky. Ravel schrieb für diese Sammlung den ersten Satz der «Sonate für Violine und Violoncello».

te, wäre er gewiß nicht Anti-Debussyst geworden; aber Debussy war so groß und genial, daß er wohl den Anti-Debussysmus selbst einleiten konnte; die wunderbaren, stahlharten Mechanismen der «Épigraphes antiques» und der «Zwölf Etüden» nehmen noch vor der Gruppe der «Six» gegen den Impressionismus Stellung.

Um Debussy gleichzukommen, brauchte Ravel ihm nur voranzugehen. Es sind wohl die gleichen Leidenschaften, die sie peinigen, von Anfang bis zu Ende: die außerordentlich feinen Nervenspitzen, ein absoluter Realismus, die Vorliebe für das unmittelbar Gegebene und schließlich die äußerste Sinnlichkeit, das Feuer – das Madegassische ... Debussy kämpfte gegen die Unruhe seiner Instinkte und Begehren; aber eine plötzliche Flutwelle hat ihn oft davongetragen: daher kommt es auch, daß er viel mehr mit dem Leben spielte, daß er viel fruchtbarer war als Ravel, daß der schöpferische Atem der Inspiration bei ihm viel heftiger war, viel großzügiger und schamloser. Aber wenn es um das Handwerkliche geht, um den Geschmack, um die technische Meisterschaft, dann ist Ravel dem ungleichmäßigen Debussy weit überlegen. Die Schlichtheit war bei Ravel so weit getrieben, daß man ihn sogar zum Teil für unfruchtbar hielt ... Wer weiß, ob er nicht aus reiner Zurückhaltung, aus äußerster Gewissenhaftigkeit und überlegener Ironie den Strom melodischer Erfindung eingedämmt hätte? Es ist bekannt, wie er sich gegen die «hassenswerte Aufrichtigkeit, die Mutter unvollkommener und geschwätziger Werke» wehrte; zweifellos verwarf er all das aufdringliche Geschwätz und die aufreizende Gefühlsvergeudung, die die Empfindsamkeit herabsetzen, die Sprache schänden und schließlich die wahren Bewegungen des Herzens entwerten. Jene nur unvollkommene Sichtbarkeit des Gefühls, die Nietzsche bei Sophokles bewunderte, besaß sie nicht auch Ravel? ... Solche Feinheit, gepaart mit soviel Verstand, setzt Jahrhunderte zärtlicher Kultur voraus und einen höchst geschärften Sinn für die Dinge des Herzens. Wer fühlt nicht die Aufrichtigkeit in den Liebesszenen Ravels? Der Fälscher gelangt glücklicherweise nicht dazu, das eigentliche Wesen seiner Fälschungen anzutasten; der Humorist wird gegen seinen Willen aufrichtig. Die Lebenden sind wie die Maschinen, aber die Maschinen haben eine Seele. Und wenn die Natur doch nur eine erste Vereinbarung ist, so ist die Vereinbarung selbst wieder Natur geworden. In allen diesen kleinen Wesen aus Metall, Stoff und Porzellan fühlen wir ein menschliches Herz zart schlagen.

Die Musik Ravels drückt etwas aus, aber nur deshalb, weil sie es nicht gewollt hat. Ravel ist gerade deshalb tief, weil er oberflächlich ist: das ist die durchsichtige Tiefe, diejenige, die ganz in der Genauigkeit beruht. Das Gegenteil ist die dialektische Tiefe. – Ravels Tiefe ist die kristallklare Tiefe der Unbefangenheit. Diese göttliche Unbefangenheit hat er in seiner Umgebung in vielen verschiedenen Formen gesucht: bei den Tieren, denen er seit den *Histoires naturelles* immer wieder treue Liebe bezeigt hat, und vor allem bei den Kindern. Für ihn sind die Kinder nicht, wie für Schumann, ein geistiges Mysterium, kleine ernste, tiefe Wesen – «fast zu ernst» –, sondern ganz einfach liebenswürdige Anekdoten, die nichts anderes bedeuten als das, was sie sind: denn es ist der Unschuld eigen, schon durch ihr bloßes Dasein tief zu sein, und nicht erst als Allegorie oder als Zeichen für etwas anderes.

Hier hört das Geheimnis der Masken auf. Alles ist klar, jungfräulich und vollkommen durchsichtig geworden. Eine dunkle Reinheit. Aber die-

An der Rhûne bei Saint-Jean-de-Luz (1935)

se Durchsichtigkeit ist von einer elementaren Ursprünglichkeit, denn das in *L'Enfant et les Sortilèges* entfesselte kleine Wesen gleicht in nichts der braven Puppe in «Children's Corner» (Debussy), die mit ihrem Elefanten in einer sehr kultivierten Kinderstube spielt; in seinem Zerstörungstrieb erinnert es viel mehr an die wilden Kleinen Mussorgskys. Wenn also «der Dichter spricht», so spricht er nicht, um das Rätsel aufzulösen oder den geheimen Sinn dieser Spiele zu enthüllen, sondern um uns die durch die Güte verwandelten Kräfte der Leidenschaft zu zeigen. Es gibt kein Geheimnis.

Gewiß, Ravel konnte sich in *Ma Mère l'Oye*, in der *Sonatine*, in *Noël des Jouets* und vor allem in *L'Enfant et les Sortilèges* wie Debussy in der «Boîte à Joujoux» aus der winzigen Perspektive amüsieren, aus der die Blicke der Kinder die Dinge betrachten. Man könnte sagen, daß er sich nur in der Gesellschaft der Nachtigallen, der Maikäfer, der Katzen und der Kinder wohl fühlte. Unter all den mehr oder weniger verdächtigen

Knabenstreichen der Nachkriegszeit, unter all den so gezwungenen Formen des modernen Infantilismus, stellt Ravel die Unschuld dar. Mit ihm ist unsere Unschuld gestorben.

«Er hat gestöhnt ... Ich leide und blute.» – *Er leidet, er ist verwundet und blutet.* Diese beiden Klagen, von denen die eine im «Martyre de Saint Sébastien» (Debussy), die andere am Schluß von *L'Enfant et les Sortilèges* ertönt, erwecken das gleiche Gefühl der Güte; der Sologesang Debussys harmonisiert in Terzen fast im Stil Ravels und der fast debussystische Chor Ravels, sie beide flüstern uns das gleiche Geheimnis zu. – «Es ist gut, das Kind, es ist sanft!» singt der wohlwollende Chor der Tiere, und diese zärtlichen Worte gemahnen unwiderstehlich an die Morgendämmerung in *Daphnis*. Denn sie sind die endgültige höchste Botschaft der Unschuld: die gnadenhafte Erlösung durch eine Regung des Mitleids, der unendliche Wert einer barmherzigen Tat. Und auch die Verwandlung des Ungeheuers in den verwunschenen Prinzen bedeutet, daß einer reinen Seele viel vergeben wird, und daß die wahre Liebe alle Häßlichkeit verschönen kann. Aber dies hätte Ravel nur unter Erröten zugegeben, aus Angst, mißverstanden zu werden. Er zog vor, als gleichgültig zu erscheinen. Aber seine leidenschaftliche Zärtlichkeit erscheint auch noch in jenen Melodien, die sich zur Erde senken wie ein schamhafter Blick und von denen man das sagen könnte, was Pierre Louÿs in der zweiten *Chanson de Bilitis* ausspricht: «Und er sah mich so zärtlich an, daß ich die Augen senkte und erschauerte.»

Zeittafel

1875 7. März: Maurice Ravel in Ciboure (12 Quai de la Nivelle, heute Quai Maurice Ravel) im Baskenland, in der Nähe von Saint-Jean-de-Luz, geboren. Sein Vater, Pierre-Joseph Ravel (1832–1908), ist Ingenieur und Erfinder eines «mit Mineralöl geheizten Dampfkessels» und eines «Überdruck-Zweitaktmotors». – Die Familie Ravel stammt aus einem Dorf in Haute-Savoie. Der Vater wurde in Versoix (Schweiz) am Genfer See geboren. Nach dem Deutsch-Französischen Krieg 1870/71 war er in Spanien beim Ausbau des Eisenbahnnetzes tätig. In Neu-Kastilien lernte er Maria Deluarte (1840–1917), eine junge Baskin, kennen, die er 1874 heiratete. Das Paar ließ sich

Joseph Ravel

Die Mutter Ravels

in Ciboure, unweit der spanischen Grenze, nieder. Im Juni 1875 Übersiedlung nach Paris.

1882 Klavierstunden bei Henry Ghys.

1889 Eintritt ins Pariser Konservatorium, in die Vorbereitungsklasse von Anthiôme.

1891 Medaille für Klavier. Eintritt in die Klavierklasse für Fortgeschrittene: Charles de Bériot. Freundschaft mit seinem Mitschüler Ricardo Viñes, der später einer seiner besten Interpreten wird. Die beiden begeistern sich für die *Trois Valses romantiques* von Chabrier und spielen sie dem Komponisten vor.

1893 Ravel komponiert unter dem Einfluß von Chabrier die *Sérénade grotesque* (unveröffentlicht).

1894 Ravel komponiert die *Ballade de la Reine morte d'aimer* (unter dem Einfluß von Erik Satie, den er durch seinen Vater in einem Café kennengelernt hat).

1895 Als Zwanzigjähriger ist Ravel «ein junger, gerne heiterer, viel diskutierender und etwas hochmütiger junger Mann, der Mallarmé liest und mit Erik Satie verkehrt» (Alfred Cortot). Ravel liest auch Baudelaire, Edgar Poe, Villiers de l'Isle-Adam und Condillac und begeistert sich für dessen «Traité des Sensations» und für Stendhal.

1897 Er studiert Kontrapunkt und Fuge bei André Gédalge und Komposi-

Joseph Ravel mit seinen Söhnen. (Links Édouard, rechts Maurice)

tion bei Gabriel Fauré (einige Jahre zuvor hatte Debussy in der gleichen Klasse Massenet als Lehrer gehabt).

1899 Am 27. Mai dirigiert Ravel in einem Konservatoriumskonzert seine Ouvertüre zu *Scheherazade* und wird ausgepfiffen. Im gleichen Jahr erfolgreiche Erstaufführung der *Pavane pour une Infante défunte*.

1901 Ravel nimmt zum erstenmal an dem Wettbewerb um den Rom-Preis teil und komponiert eine Kantate *Myrrha* (Text von Beissier). Er erhält einen zweiten Großen Preis. Massenet versuchte, ihm den ersten zuzuwenden, den André Caplet erhält.

1902 Arbeit am *Streichquartett in F-dur*. Debussy schreibt Ravel: «Im Namen der Götter der Musik und meinem eigenen: Ändern Sie nichts an dem, was Sie von Ihrem Quartett niedergeschrieben haben!» Seinerseits bekannte Ravel später: *Erst seit ich zum erstenmal «L'Après-midi d'un Faune» gehört hatte, wußte ich, was Musik ist.* – Neuerliche Teilnahme am Wettbewerb um den Rom-Preis, mit einer Kantate *Alcyone*. Den Preis erhält Aymé Kunc.

1903 Dritte Teilnahme am Wettbewerb um den Rom-Preis, mit der Kantate *Alyssa*. Den Preis erhält Raoul Laparra.

1904 Ravel verzichtet auf die Teilnahme am Wettbewerb. Er komponiert *Scheherazade* für Gesang und Orchester, nach Gedichten von Tristan Klingsor.

1905 Ravel wird zur Teilnahme am Wettbewerb um den Rom-Preis nicht zugelassen. Ein Mitglied der musikalischen Sektion der Akademie erklärt: «Herr Ravel mag uns wohl als rückständig ansehen, aber er darf uns nicht ungestraft für schwachsinnig halten.» – Die Tageszeitungen bemächtigen sich des Falls. Man spricht von der «Affäre Ravel». Romain Rolland legt energisch Protest ein. Ravel wird von der ihm befreundeten Familie Edwards (Besitzer des «Matin») zu einer Fahrt nach Holland auf deren Jacht «L'Aimée» eingeladen. Dies trö-

Die Bewerber um den Prix de Rome 1901. Von rechts nach links: Ravel, Bertelin, André Caplet, Aymé Kunc, Gabriel Dupont

Maurice Ravel. Porträtzeichnung von Ouvré, 1911

stet ihn über sein Mißgeschick. – Er komponiert die fünf Klavierstükke *Miroirs (Noctuelles, Oiseaux tristes, Une Barque sur l'Océan, Alborada des Gracioso, La Vallée des Cloches)* und die *Sonatine für Klavier*. Eine Zeitlang denkt er auch daran, aus Gerhart Hauptmanns Märchendrama «Die versunkene Glocke» eine Oper zu machen. – Er wohnt damals bei seiner Familie in Levallois-Perret, in der Nähe der Fabrik, die sein Bruder Édouard leitet.

1906 Reise an den Genfer See, wo sein Vater Erholung von einem Leiden sucht, dem er zwei Jahre später erliegt.

1907 Am 12. Januar erste Aufführung der *Histoires naturelles* (nach Gedichten von Jules Renard) in der Salle Erard. Großer Skandal. Pierre Lalo, der Kritiker des «Temps», spricht von einer «mit Nonen gezierten Kaffeehausmusik». – Komposition von *L'Heure espagnole*.

1908 Am 28. März erste Aufführung der *Rhapsodie espagnole (Prélude à la Nuit, Malagueña, Habanera, Feria)* in den Concerts Colonne. Die

Malagueña muß wiederholt werden. – Komposition von *Ma Mère l'Oye*, fünf Klavierstücke, Mimie und Jean Godebski gewidmet. – *Gaspard de la Nuit*, drei Gedichte für Klavier zu zwei Händen, nach Aloysius Bertrand.

1911 Komposition der *Valses nobles et sentimentales*. – Am 19. Mai Erstaufführung von *L'Heure espagnole* in der Opéra-Comique, nachdem das Werk vier Jahre vorher der Direktion eingereicht worden war.

Avenue Carnot, Januar 1913

Ravel vor seinem Geburtshaus in Ciboure

1912 21. Januar: Erstaufführung der Ballettfassung von *Ma Mère l'Oye* im Théâtre des Arts.
22. April: Erstaufführung des Balletts *Adélaïde ou le Langage des Fleurs* (Ballettfassung der *Valses nobles et sentimentales*) im Théâtre du Châtelet. Ravel dirigiert selbst.
8. Juni: Erstaufführung des Balletts *Daphnis et Chloé* (Théâtre du Châtelet), das bei Ravel von Serge Diaghilew für das Russische Ballett 1909 bestellt wurde; in den Hauptrollen Nijinsky und die Karsawina. Dirigent: Pierre Monteux, Dekorationen von Léon Bakst.

1913 Ravel ist im Frühjahr in Clarens-Montreux und arbeitet dort gemeinsam mit Strawinsky an der Orchestration von Mussorgskys unvollendet hinterlassener Oper «Chowanschtschina». – Am 29. Mai nimmt Ravel in Paris an der großen Schlacht um Strawinskys «Sacre du Printemps» teil. – Komposition der *Trois Poèmes de Stéphane Mallarmé* (für Gesang, Klavier, Streichquartett, zwei Flöten und zwei Klarinetten).

1914 Ravel komponiert in Saint-Jean-de-Luz das *Trio*. Bei Kriegsausbruch unternimmt er zahlreiche Schritte, um in die französische Armee einzutreten.

1915 Komposition von drei Stücken für gemischten Chor ohne Begleitung *(Nicolette, Trois beaux Oiseaux du Paradis* und *Ronde)* nach von ihm selbst verfaßten Texten.

Im Garten von Belvédère. Oben zwischen den Damen Arthur Honegger, unten in der Mitte Ravel.

1916 Im März wird er als Lastwagenfahrer in eine motorisierte Trainkolonne aufgenommen und in der Gegend von Verdun eingesetzt.

1917 7. Januar: Tod von Ravels Mutter.

Im Juni wird er wegen seines schlechten Gesundheitszustandes aus dem Heeresdienst entlassen.

Komposition des *Tombeau de Couperin*. – Wohnt in Lyons-la-Forêt.

1919 Aufenthalt in Mégève, dann in Lapras. Diaghilew bestellt bei Ravel ein Ballett mit dem Thema *Wien und seine Walzer*. – Erfolgreiche Aufführung von *L'Heure espagnole* in London (Covent Garden). Erstaufführung des *Tombeau de Couperin* in Paris durch die Pianistin Marguerite Long.

1920 16. Januar: Ravel soll das Kreuz der Ehrenlegion erhalten, lehnt aber die Auszeichnung ab.

Am 12. Dezember Erstaufführung von *La Valse* in den Concerts Lamoureux (Dirigent: Camille Chevillard), nachdem Diaghilew es abgelehnt hat, das Ballett zu inszenieren.

1921 Am 15. Juni dirigiert Ravel die 100. Aufführung der Ballettfassung des *Tombeau de Couperin*. – Kurz vorher hat er sich in der Villa «Belvédère» in Montfort l'Amaury niedergelassen. Dort vollendet er die Komposition der *Sonate für Violine und Violoncello*.

1922 Im Sommer Orchestration der Klavierstücke «Bilder einer Ausstellung» von Mussorgsky, die Serge Kussewitzky bei ihm bestellte.

Ravel in den USA mit Mary Pickford und Douglas Fairbanks

1923 Konzertreisen nach Amsterdam, Venedig und London, wo er *La Valse* und *Ma Mère l'Oye* dirigiert.

1924 Arbeit an der *Sonate für Klavier und Violine*, an *Tzigane* und an der Kinderoper *L'Enfant et les Sortilèges*, die das Opernhaus von Monte Carlo bei ihm im Jahre 1920 bestellte.

1925 29. März: Erstaufführung von *L'Enfant et les Sortilèges* in Monte Carlo. Dirigent: Victor de Sabata. Großer Erfolg.

1926 1. Februar: Erstaufführung von *L'Enfant et les Sortilèges* in Paris (Opéra-Comique), Dirigent: Albert Wolff. Publikum sehr verdutzt. Kritik mäßig. Fünfzehn Aufführungen.
Ravel unternimmt Konzerttourneen in Skandinavien und England.
Komposition der *Chansons madécasses* (für Gesang, Flöte, Violoncello und Klavier), auf Grund einer Bestellung von Elizabeth S. Coolidge.

1927 Vollendung der *Sonate für Klavier und Violine* und Widmung des Werkes an Hélène Jourdan-Morhange.

1928 Tournee in den USA und Kanada (New York, Chicago, San Francisco, Seattle, Vancouver, Minneapolis, Houston, Colorado, Buffalo, New York und Montreal).
Am 20. November Erstaufführung des für Ida Rubinstein und ihre Truppe komponierten Balletts *Boléro* in der Pariser Großen Oper.

1929 Der Quai de la Nivelle in Ciboure wird in Quai Maurice Ravel umbenannt.

1929–1931 Gleichzeitige Arbeit an den beiden Klavierkonzerten. Das auf Anregung des einarmigen österreichischen Komponisten Paul Wittgenstein komponierte *Konzert für die linke Hand* wird zuerst beendet und von Wittgenstein am 27. November 1931 in Wien uraufgeführt. – Das *Konzert in G-dur* wird am 14. Januar 1932 unter Leitung Ravels mit Marguerite Long als Solistin in Paris uraufgeführt. Im Anschluß daran unternimmt Ravel mit der Pianistin eine sehr erfolgreiche Tournee durch Mitteleuropa.

1932 Komposition der drei Chansons *Don Quichotte à Dulcinée*, sein letztes vollendetes Werk.

1933 Erster Anfall der Todeskrankheit: beim Baden in Saint-Jean-de-Luz bemerkt Ravel plötzlich, daß er gewisse Bewegungen nicht mehr ausführen kann. Er sucht Erholung auf dem Mont-Pèlerin bei Vevey. Die Ärzte sprechen von Apraxie und Dysphasie. Der Geist Ravels ist völlig klar.

1935 Am 15. Februar kann Ravel, dank der Unterstützung durch Ida Rubinstein, mit seinem Freund Léon Leyritz eine längere Reise nach Spanien und Marokko unternehmen. Nach einem kurzen Aufenthalt in Madrid schiffen sie sich nach Algeciras ein. Drei Wochen verbringen sie in Marrakesch. Viele Stunden verbringt Ravel damit, das Treiben auf dem großen Platz vor ihrem Hotel zu beobachten. Ausflüge in das Gebiet des Atlas. Rückkehr über Sevilla, Cordóba, Vittoria und Pamplona. – In der zweiten Hälfte des Jahres neuerliche Reise nach Spanien (Bilbao, Burgos).

1936–1937 Aufenthalte in Saint-Jean-de-Luz, Montfort, Levallois und Paris. Zurückgezogenes Leben bei seinem Bruder oder im Freundeskreis.

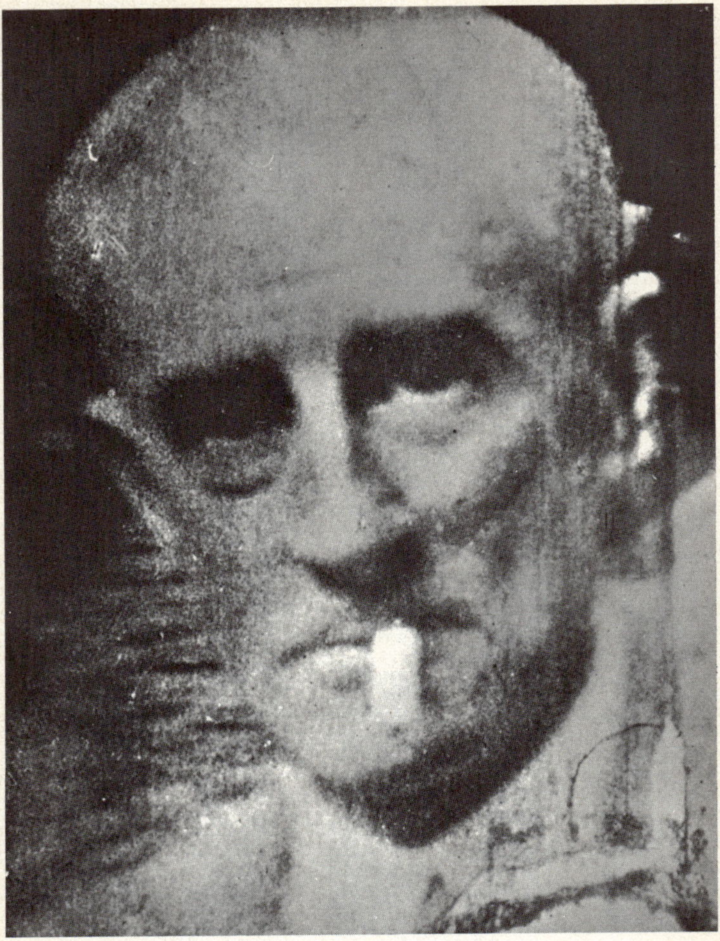

1937 Am 19. Dezember Kopfoperation in Paris.
Am frühen Morgen des 28. Dezember stirbt der seit der Operation bewußtlose Ravel in der Pariser Klinik.
Am 30. Dezember Beisetzung auf dem Friedhof in Levallois, neben seinen Eltern.

Selbstzeugnisse

Die hier mit A. S. bezeichneten Zitate entstammen der «Autobiographischen Skizze» («Esquisse biographique»), die Roland-Manuel 1928 nach dem Diktat Ravels verfaßt hat und die später in einer Sondernummer der Zeitschrift «La Revue Musicale» (Dezember 1938) erschien. Alle aus den Briefen zitierten Stellen sind dem Buch «Ravel au miroir de ses lettres», einer von Marcelle Gérar und René Chalupt zusammengestellten Briefsammlung, mit freundlicher Erlaubnis der Herausgeber, entnommen.

Ich bin in Ciboure, einer kleinen Ortschaft im Département Basses-Pyrénées, unweit von Saint-Jean-de-Luz, am 7. März 1875 geboren. Mein Vater, der aus Versoix am Genfer See stammte, war Zivilingenieur; meine Mutter entstammte einer alten baskischen Familie.

Im Alter von drei Monaten verließ ich Ciboure und kam nach Paris, wo ich seither immer gewohnt habe. Schon als kleines Kind war ich für Musik empfänglich – für Musik jeder Art. Meinem Vater, der von dieser

Programm des ersten Konzerts, in dem Ravel mitwirkte.

SALLE ERARD, 13, RUE DU MAIL.

Le Lundi 15 Février 1892, à 9 Heures très précises

· CONCERT ·

CONSACRÉ AUX

OEUVRES DE SCHUMANN

DONNÉ PAR

HENRY GHYS

AVEC LE BIENVEILLANT CONCOURS DE

Mesdames Vera SEROFF, Marguerite des LONGCHAMPS

MM. HAYOT, GIANNINI, Maurice RAVEL et Emile GHYS

Kunst weit mehr verstand als die meisten der Musikliebhaber, gelang es, meine Neigungen zu entwickeln und meinen Eifer frühzeitig anzuspornen.

An Stelle des Solfège (an den französischen Musikschulen intensiv betriebene Gesangsübung zur Ausbildung des Gehörs und der Vokalisation), dessen Theorie ich nie erlernte, begann ich mit ungefähr sechs Jahren mit dem Klavierspiel. Meine Lehrer waren Henri Ghys und später Charles René; letzterer gab mir auch die erste Unterweisung in Harmonielehre, Kontrapunkt und Komposition.

1889 wurde ich ins Pariser Konservatorium aufgenommen, und zwar in die Vorbereitungsklasse für Klavier von Anthiôme; zwei Jahre später kam ich dann in die Klasse von Charles de Bériot.

1895 komponierte ich meine ersten veröffentlichten Werke: das «Menuet antique» und die «Habanera» für Klavier. Ich glaube, daß dieses zweite Werk im Keim schon mehrere Elemente enthält, die in meinen späteren Werken dominierten.

A. S.

Man könnte die Bedeutung Faurés besser ermessen, wenn man seine Gesangstücke studieren würde, die der französischen Musik im Bereich des «Liedes» den Vorrang gewannen. Fauré gab die Strenge seines Lehrers Saint-Saëns auf und fühlte sich viel mehr zu der charakteristischen Farbengebung Gounods hingezogen ... Gounod war der wahre Wiederhersteller der Melodie in Frankreich, er, der das Geheimnis einer harmonischen Sinnlichkeit wiedergefunden hatte, das seit den Clavecinisten des 17. und 18. Jahrhunderts verlorengegangen war.

Ravel in der Fauré gewidmeten Sondernummer der «Revue Musicale», Paris 1923

Ich empfinde keinerlei Scheu, über sie (über die *Pavane pour une Infante défunte*) zu sprechen, denn das Stück liegt weit genug zurück, so daß der Kritiker an die Stelle des Komponisten treten kann. Aus solcher Entfernung kann ich keine Vorzüge mehr entdecken, wohl aber – leider! – viele Schwächen: den allzu deutlichen Einfluß Chabriers und die ziemlich dürftige Form. Die hervorragende Wiedergabe, die dieses unfertige und zahme Stück erfuhr, hat, wie ich glaube, viel zu seinem Erfolg beigetragen. In den 1901 erschienenen *Jeux d'Eau* ist der Ursprung aller pianistischen Neuerungen zu suchen, die man in meinen Werken festzustellen glaubt.

A. S.

Vom Erscheinen von «Pelléas et Mélisande» an stellten sich die Kritiker an die Spitze der Vorkämpfer Debussys; von diesem Augenblick an hat-

Fauré stickt an der «Pénélope»-Partitur. Karikatur von Losques

ten sie seinen Untergang beschlossen. Das Werk war beunruhigend; sie erklärten es für herrlich, aber außergewöhnlich. Man sprach von einer «Sackgasse»; dann wartete man ab. Aber eine große Anzahl junger Menschen wollte die Behauptung der Kritiker nachprüfen; sie entdeckten am Ende der Sackgasse ein Tor, das sich auf eine herrliche, ganz neuartige Landschaft weit öffnete.

In einem 1912 in dem «Bulletin» der S. M. I. erschienenen Artikel

Gestern Ausflug nach Alkmaar. Käsemarkt, von einem ewigen Glokkenspiel begleitet. Unterwegs ein wundervoller Anblick. Ein See, mit Mühlen an den Ufern. In den Feldern Mühlen, so weit der Blick reichte. Wohin man auch sah, überall nur sich drehende Flügel. Beim Anblick dieser mechanisierten Landschaft glaubte man schließlich, selbst ein Automat zu sein. Nach all dem brauche ich Ihnen nicht erst zu sagen, daß ich nichts arbeite. Aber ich staple in mir auf, und ich glaube, daß diese Reise eine Menge hervorbringen wird. Auf jeden Fall bin ich im Augenblick vollkommen glücklich, und ich hatte sehr unrecht, mich in einem Moment der Entkräftung zu beunruhigen. Sie wissen, wie sehr ich dazu neige, die Dinge von der tragischsten Seite zu nehmen, aber, mein Gott, es gibt Ärgeres!

Aus einem Brief an Maurice Delage, geschrieben am 29. Juni 1905 an Bord der Yacht «Aimée»

Die klare und direkte Sprache, die tiefe, verborgene Poesie der Stücke von Jules Renard hatten mich schon seit langem gereizt. Der Text selbst verlangte von mir eine Deklamation, die der Sprachmelodie des Französischen sich besonders eng anschmiegte. Die *Histoires naturelles* haben mich auf die Komposition von *L'Heure espagnole* vorbereitet, eines musikalischen Lustspiels nach einem Text von Franc-Nohain, eine Art musikalischer Konversation. In ihr zeigt sich deutlich die Absicht, an die Tradition der Opera buffa wieder anzuknüpfen.

Der Titel *Valses nobles et sentimentales* zeigt zur Genüge meine Absicht an, eine Walzerkette nach dem Vorbild Schuberts zu komponieren. Der Virtuosität, die das Wesen von *Gaspard de la Nuit* ausmachte, folgte eine abgeklärtere Schreibweise, die die Akkorde verhärtete und das «Relief» der Musik scharf hervortreten ließ. Die *Valses nobles et sentimentales* wurden unter Protestrufen und Pfeifen zum erstenmal in einem Konzert der S. M. I. (Société Musicale Indépendante) aufgeführt, wobei die Namen der Autoren nicht bekanntgegeben wurden. Nach jedem Stück stimmten die Hörer ab. Mir wurde die Vaterschaft an den Walzern mit einer schwachen Majorität zuerkannt. Am charakteristischsten erscheint mir der siebente Walzer.

A. S.

Als ich *Daphnis et Chloé* komponierte, war es meine Absicht, ein großes musikalisches Fresko zu schaffen, wobei ich mich weniger um historische Genauigkeit bemühte als um Treue zum Griechenland meiner Träume, das ziemlich nahe jenem Griechenland verwandt war, das die französischen Maler vom Ende des 18. Jahrhunderts ersannen und darstellten.

A. S.

An das Komitee der S. M. I.: Bewunderungswürdiger Plan eines skandalerregenden Konzerts:

Stücke für: a) einen Sprecher, b) und c) für Gesang und Klavier, Streichquartett, zwei Flöten und zwei Klarinetten.

Bühnendekoration von Léon Bakst für «Daphnis et Chloé»

a) «Pierrot lunaire» von Arnold Schönberg (21 Stücke, 40 Minuten)
b) «Mélodies japonaises» von Igor Strawinsky (4 Stücke, 10 Minuten)
c) «Deux poésies de Stéphane Mallarmé» von Maurice Ravel.

Strawinsky hat mir versichert, daß wir, dank Inghelbrecht, in Frankreich Chöre haben, die verrückt genug sind, das zu singen, was er jüngst komponiert hat und was höchst übel geraten ist. Für das Orchesterkonzert hervorragend geeignet (sehr kurz, kaum 5 Minuten).

Möge die «Unabhängigkeit» Sie unter ihren heiligen Schutz nehmen! Aber nicht zu sehr, he? Vielleicht nicht im Saal des Konservatoriums. Die Diener würden nicht zulassen, daß man sich dort so benimmt wie im Parlament.

Aus einem Brief an Frau Casella, die ihren Gatten [Alfredo Casella] bei seiner Arbeit als Leiter der S. M. I. unterstützte. Geschrieben am 2. April 1913

Ich arbeite bei Frühlingswetter bei offenen Fenstern. Manchmal gibt es einen kleinen Wirbelwind, einen Platzregen, und am nächsten Tag ist alles vorüber. Unterdessen drehe ich mich auf Anregung des Papstes im Kreise. Sie wissen doch, daß diese hohe Persönlichkeit, für die das Modehaus Redfern demnächst neue Kostümentwürfe ausführen wird, soeben einen neuen Tanz propagiert hat: die Forlana. Ich bearbeite eine von Couperin. Ich will dafür sorgen, daß sie im Vatikan von der Mistinguett und von Colette Willy getanzt wird, die Männerkleidung anlegen müssen. Seien Sie nicht erstaunt über diese Rückkehr zur Religion. Das ist die heimatliche Atmosphäre, die das bewirkt.

Eben läutet man das Angelus. Ich purzele herunter zum Abendessen.

Dieser sonderbare Brief wurde an einem Samstag im Frühjahr 1914 aus Saint-Jean-de-Luz an Cipa Godebski geschrieben. Er enthält eine deutliche Anspielung auf die Forlana des künftigen «Tombeau de Couperin»

Liebe Freundin, Sie haben es vorausgesehen, mein Abenteuer ist auf die lächerlichste Art zu Ende gekommen: man nimmt mich nicht an, denn es fehlen mir zwei kg. Bevor ich mich in Bayonne stellte, habe ich einen Monat von früh bis abends gearbeitet, ohne mir auch nur die Zeit zu einem Bad im Meer zu nehmen. Ich wollte mein Trio beenden, das ich als «Nachlaßwerk» behandelte. Das will nicht sagen, daß ich etwas besonders Geniales hervorgebracht habe, sondern daß das Manuskript und die Anmerkungen so angelegt sind, daß jeder andere die Bürstenabzüge korrigieren kann. All das ist unnütz, es wird eben nur ein Trio mehr geben ...

Aus einem Brief an Ida Godebska, vom 8. September 1914

Igor Strawinsky. Zeichnung von Pablo Picasso (1917)

Der Major hat mir lebhaft von der Fliegerei abgeraten. Ich habe eine Herzhypertrophie. Oh! Nicht sehr, es ist nichts Ernstliches, hat man mir gesagt. Ich würde mich nicht wundern, wenn ich in meinem Leben kleine Herzbeschwerden gehabt hätte, das haben ja die meisten Menschen, aber bei mir war es so: als ich mich Ende vorigen Jahres gründlich untersuchen ließ, haben die Ärzte nichts festgestellt. Es ist daher mit einemmal gekommen, und ich erkläre mir jetzt jenen furchtbaren Schmerz, auf den ich wegen des abenteuerlichen Lebens, das ich führen mußte, nicht achten konnte.

Was soll ich jetzt tun? Wenn ich mich einem anderen Major stelle, der die Sache ernster auffaßt, so werde ich für den Automobildienst untauglich erklärt und in die Büros gesteckt. Sie werden begreifen, daß ich es vorziehe, die Dinge laufen zu lassen. Ich werde nicht der einzige sein, den der Krieg übel zugerichtet hat, und dann habe ich übrigens auch nicht zu bedauern, was ich getan habe. Wenn es sich auch erst in letzter Zeit gezeigt hat, so weiß ich doch genau, daß es am 3. August 1914 um drei Uhr nachmittags begonnen hat.

Aus einem Brief an Jean Marnold, vom 25. Mai 1916

Ich denke manchmal an ein wunderbares Kloster in Spanien, aber ohne den Glauben wäre das vollkommen idiotisch. Und würde nur dazu führen, dort Wiener Walzer und andere Foxtrotts zu komponieren ...

Aus einem an Fräulein Marnold aus Lamastre
geschriebenen Brief vom 25. März 1920

Geht nicht in den Wald von Ormonde,
Junge Mädchen, geht nicht in den Wald!
Er ist voll von Satyrn, Zentauren und bösen Zauberern,
Kobolden, Plagegeistern, Menschenfressern, Poltergeistern,
Faunen, Irrlichtern, Gespenstern, Teufeln, Teufelinnen, Teufelchen,
Bocksfüßen, Zwergen, Dämonen, Werwölfen,
Elfen, Myrmidonen, Gauklern und Magiern,
Hexen, Sylphiden und bösen Mönchen, Zyklopen, Djinns,
Wichtelmännchen, Spukgestalten, Totenbeschwörern, Unholden ...
Oh!

«Ronde» aus den «Trois Chansons», Gedicht von Ravel

Nach dem «Tombeau de Couperin» war ich durch meinen Gesundheitszustand einige Zeit am Komponieren verhindert. Ich fing erst wieder mit der Arbeit an, als ich das Tanzgedicht «La Valse» schrieb, dessen erste Idee noch vor der «Rhapsodie espagnole» in mir aufgetaucht war. Ich faßte dieses Werk als eine Art Apotheose des Wiener Walzers auf, mit der sich in meinem Geist die Vorstellung eines phantastischen und tödlich endenden Turniers verband. Ich verlegte diesen Walzer in den Rahmen eines kaiserlichen Palastes, ungefähr um die Zeit von 1855.

Ich glaube, daß diese Sonate (für Violine und Klavier) in meiner Entwicklung einen Wendepunkt bedeutet. In ihr ist der Verzicht auf alles Äußerliche bis zum Äußersten getrieben. Verzicht auf harmonische Reize; immer entschiedenere Rückwendung zum rein Melodischen.

A. S.

Was würden Sie davon halten, wenn die Teetasse und die Teekanne aus altem schwarzem Wedgewood-Porzellan einen Rag-Time singen würden? Ich gestehe, daß mich die Idee, einen Rag-Time in der Großen Oper von zwei Negern singen zu lassen, fasziniert.

In einem Brief an Colette, die Autorin von «L'Enfant et les Sortilèges»

Die *Chansons madécasses* scheinen mir ein neues dramatisches – ja erotisches – Element zu bringen, das sich aus dem Thema der Gedichte von Parny ergibt. Es ist eine Art von Quartett, in dem die Singstimme die Rolle des führenden Instruments innehat. Die Einfachheit dominiert. Die Unabhängigkeit der Stimmen, die sich hier zeigt, ist in der Sonate noch ausgesprochener. Ich habe mich zu dieser Unabhängigkeit gezwungen, als ich eine Sonate für Klavier und Violine schrieb, für zwei Instrumente, deren Klang im wesentlichen unvereinbar ist, wobei ich diese Unvereinbarkeit keineswegs auszugleichen, sondern vielmehr ausdrücklich hervorzuheben wünschte.

A. S.

Zeugnisse

Béla Bartók

Die Gleichzeitigkeit des Schaffens von Debussy und Ravel, beide so bedeutsam durch alles, was sie gemeinsam haben und wodurch sie sich voneinander unterscheiden, hat der französischen Musik im ersten Drittel unseres Jahrhunderts den Platz endgültig gesichert. Das Auftreten eines einzelnen Genies, so groß sein Ruhm auch sein mag, braucht ganz und gar nicht für die Situation eines Landes charakteristisch zu sein; man kann es einem bloßen Zufall zuschreiben; das Zusammentreffen von zwei analogen Fällen ist überzeugender, und man kann daraus mit Sicherheit schließen, daß man eine Art Kristallisation eines Phänomens erlebt, hervorgegangen aus der Atmosphäre eines Landes.

Jean Cocteau

Ravel hat sozusagen die Kunst der großen impressionistischen Meister der Musik geläutert, genauso wie Vuillard und Bonnard, denen er verwandt ist, den Stil der großen Impressionisten, für die Monet das Symbol ist, verfeinert, vereinfacht, verstärkt haben.

Ravel ist in gewisser Weise der Führer der kleinen Meister des Impressionismus und nähert sich, nicht durch seinen Mangel an «sauce», sondern durch die gelehrten Mischungen und Gewürze seiner «sauce», den Jungen schon, die dann unter dem Banner eines Mannes folgen, der nicht mehr jung war, der ohne Alter war: Erik Satie. Dieser brach als erster mit dem musikalischen Impressionismus und schloß sich, obwohl schon älter, der Schule von Vincent d'Indy an, dem Kontrapunkt, der Fuge, kurz der Schola Cantorum ...

Musik ohne «sauce»! Das bedeutet: keine Schleier, die Nacktheit der Rhythmen, die Trockenheit der Linie, die Kraft des Einsatzes und eine gelehrte Naivität des Tonfalls und der Akkorde.

Alfred Cortot

Ravel war in unserer Epoche der sicherste Garant, der wirksamste Zeuge der nationalen Sehnsucht – der Verfechter jener Tradition, von der die unverwechselbare Physiognomie unserer ästhetischen Schöpfungen seit Jahrhunderten geprägt worden ist, einer Tradition, die jenseits der

Moden und Einflüsse allein in der Lage ist, die Kräfte der Sonne, die Klarheit unseres Himmels und die Feinheit unserer Sprache auf überzeugende Weise zu verkünden.

Walter Gieseking
Ich bewundere und liebe die Werke Maurice Ravels unendlich, die nicht nur allein von einer hinreißenden Schönheit sind, sondern die auch die schönsten Kompositionen enthalten, die bis heute für das Klavier geschrieben worden sind und die von den Möglichkeiten des modernen Klaviers auf die vollkommenste und umfassendste Weise Gebrauch machen. Maurice Ravel wird immer einer der großen Namen und ein Meister der Musik, nicht nur der französischen, sondern der europäischen, bleiben.

Édouard Herriot
Sein Werk ist eine Auflehnung gegen das Pathos, den Jargon, gegen alles, was uns störend umgibt, gegen Schwindlertum, Pharisäertum und alle Ismen. Ein Metall rein und klar. Oder besser, eine Quelle in der Landschaft unserer Seele.

Arthur Honegger
Nichts erscheint klarer in seiner Ausdruckskraft und seiner künstlerischen Absicht als das Werk Ravels. Man staunt um so mehr, als man ihn zu Anfang als einen Epigonen Debussys hätte betrachten können und daß man so lange Zeit benötigte, um die Rolle zu bestimmen, die er in der Entwicklung der französischen Musik und der Musik überhaupt gespielt hat ... Man sieht heute ohne weiteres, worin sich Ravel von Debussy unterscheidet und was seine hauptsächlichsten Ziele waren. Bei Ravel ist die Form fraglos klassisch. Sein *Quartett*, seine *Sonatine für Geige und Klavier* sind kraftvoll komponiert. Man findet darin die beiden Grundzüge, Entwicklung und Wiederholung. Ohne sich bei der zu weiten Ausführung der Themen, nach scholastischer Methode, aufzuhalten, ist es darüber hinaus erwiesen, daß die Thematik bei ihm eine große Rolle spielte, und daß er es bei Gelegenheit verstand, eine Idee mit der größten Kraft zu entwickeln.

Gabriel Marcel
Wenn man einmal sein Denken auf den wirklichen Gehalt von Maurice Ravels Kunst richtet und auf die ungewöhnliche Ausbreitung, die sie selbst zu Lebzeiten des Künstlers genossen hat, so scheint es mir, daß man sich einem echten Paradoxon gegenübergestellt findet: unter den großen Musikern unserer Zeit ist er in der Tat vielleicht der raffinierteste, zumindest derjenige, der am leidenschaftlichsten auf eine gewisse formale Vollkommenheit ausgeht, die tatsächlich, sowohl in Frankreich

wie im Ausland, die größte Hörerschaft hat. Die Universalität ist hier keinesfalls, wie so oft, an den Ausdruck großer Gefühle gebunden, die das Gemüt in der menschlichen Seele ausmachen. Ein Ravel hat sich, um die Wahrheit zu sagen, nie darum bemüht, diese großen Gefühle auszudrücken. Man kann hier sicherlich von Scham sprechen; aber die Bedeutung dieses Wortes müßte sorgfältig erläutert werden. Ich glaube, daß es sich bei dem Autor von *Gaspard de la Nuit* um eine unvergängliche Liebe zur Präzision handelt, um einen angeborenen Widerwillen gegen alles Ungeformte, das verhängnisvoll alle Rhetorik begleitet.

Romain Rolland
Ich habe nie aufgehört, Ravel als den größten Meister der französischen Musik neben Rameau und Debussy anzusehen – einen der größten Musiker aller Zeiten.

Was er in Musik ausdrückt, berührt mich seltsam. Allein, seine Aussagekraft ist von einer Schärfe, einer Finesse und einem unübertrefflichen Glanz. Alle Musik nach ihm erscheint unvollkommen. Er ist ein Meister der Farbe und der Zeichnung.

André Suarès
Ravel träumt von der Vollkommenheit und weiß sie zu erreichen. Seine Musik bietet das Wunder der vollkommenen Form: nichts ist zuviel, nichts fehlt. Kein Überschwang, keine Dürre: immer gerade das rechte Maß und das richtige Zusammentreffen von dem, was gesagt ist, und dem, was der Künstler sagen will. Sein einziger Fehler ist manchmal, ohne Fehler zu sein.

Die melodische Linie, die Freude und der hohe Sinn für Harmonie, der Rhythmus, die musikalische und poetische Gesetzlichkeit, alles vereinigt sich in ihm. Das Gleichgewicht ist unfehlbar. Das Ganze und das Einzelne, der kleinste Takt und die ganze Partitur, ich würde sogar sagen, alle Werke sind aus einem Guß, alles ist ausgewogen, berechnet und mit Sicherheit und erstaunlichem Geschmack dargebracht. Er macht alles, was er will, mit der Natur und der Welt, wo sie empfindsam ist; aber diese Natur ist lebendig, sie richtet sich nicht nach Schule oder nach Büchern. Die Vollkommenheit Mozarts oder die Claude Debussys ist anderer Art. Ravel ist apollinisch, soweit man es in der Musik, dieser dionysischen Kunst unter den Künsten, sein kann.

Die Zeugnisse sind dem Sonderheft der «Revue Musicale»: *Hommage à Maurice Ravel*, 28. Dezember 1938, entnommen und ins Deutsche übersetzt worden.

Bibliographie

1. Bibliographische Hilfsmittel

Music index. Detroit. Bd. 1 f 1949 f

Maurice Ravel, geb. am 7. 3. 1875 in Ciboure, gest. am 28. 12. 1937 in Paris. In: Bibliographische Kalenderblätter 9/1967, Folge 12, S. 54–58

RILM-abstracts. Répertoire internationale de littérature musicale. New York 1968 f

RIEMANN, HUGO: Musiklexikon. Personenteil Bd. 2. 12. Aufl. Mainz 1961 u. Erg. Bd. 2. 1975

2. Werkverzeichnis

a) Kompositionen

Sérénade grotesque. 1893

Ballade de la Reine morte d'aimer. (Von ROLAND DE MARÈS.) Klavier und Gesang. 1894

Le Rouet. (Von LECONTE DE LISLE). Klavier und Gesang. 1894

Menuet antique. 1895

Un grand Sommeil noir. (Von PAUL VERLAINE.) Klavier und Gesang. 1895

Sites auriculaires. 1895–1896
  Habanera
  Entre Cloches

Sainte. (Von STÉPHANE MALLARMÉ.) Klavier und Gesang. Madame Ed. Bonniot gewidmet. 1896

Deux Épigrammes. (Von CLÉMENT MAROT.) Klavier und Gesang. 1898
  D'Anne jouant de l'Espinette
  D'Anne qui me jecta de la Neige

Érazade. Ouverture de féerie für Orchester. 1898

Pavane pour une Infante défunte. Prinzessin Ed. de Polignac gewidmet. 1899

Si morne ... (Von ÉMILE VERHAEREN.) Klavier und Gesang. 1899

Myrrha. Kantate. (Text von FERNAND BEISSIER.) 1901

Jeux d'Eau. Gabriel Fauré gewidmet. 1901

Alcyone. Kantate. (Text von EUG. ET ED. ADENIS.) 1902

Streichquartett in F-dur. Gabriel Fauré gewidmet. 1902–1903

Alyssa. Kantate. (Text von MARG. COIFFIER.) 1903

Manteau de Fleurs. (Von P. GRAVOLLET.) Klavier und Gesang. 1903
Shéhérazade. (Von TRISTAN KLINGSOR.) Klavier oder Orchester und Gesang. 1903
  Asie. Jane Hatto gewidmet
  La Flûte enchantée. Renée de Saint-Marceau gewidmet
  L'Indifférent. Madame Sigismond Bardac gewidmet
Mélodies populaires grecques. Klavier und Gesang. 1904–1906
  Quel Galant
  Chanson des Cueilleuses de Lentisques
  A vous, Oiseau des Plaines
  Chanson de Pâtre épirote
  Mon Mouchoir, hélas, est perdu
  Le Reveil de la Mariée
  Là-bas vers l'Église
  Tout gai!
Le Noël des Jouets. (Dichtung von MAURICE RAVEL.) Klavier und Gesang. Madame J. Cruppi gewidmet. 1905
Miroirs. 1905
  Noctuelles. Léon-Paul Fargue gewidmet
  Oiseaux tristes. R. Viñes gewidmet
Une Barque sur l'Océan. P. Sordes gewidmet
Alborada del Gracioso. Calvocoressi gewidmet
La Vallée des Cloches. M. Delage gewidmet
Sonatine. Ida und Cipa Godebski gewidmet. 1905
Introduction et Allégro. Albert Blondel gewidmet. 1905–1906
Les Grands, Vents venus d'Outre-Mer. (Von HENRI DE RÉGNIER.) Klavier und Gesang Jacques Durand gewidmet. 1906
Les Histoires naturelles. (Von JULES RENARD.) Klavier und Gesang. 1906
  Le Paon. J. Bathori gewidmet
  Le Grillon. Madame Picard gewidmet
  Le Cygne. Madame Edwards gewidmet
  Le Martin-Pêcheur. Émile Engel gewidmet
  La Pintade. Roger Ducasse gewidmet
Sur l'Herbe. (Von PAUL VERLAINE.) Klavier und Gesang. 1907
Vocalise-Étude en forme d'Habanera. 1907
Rhapsodie espagnole. Ch. de Bériot gewidmet. 1907
  Prélude à la Nuit
  Malagueña
  Habanera
  Feria
L'Heure espagnole. Musikalische Komödie von FRANC-NOHAIN. Madame Jean Cruppi gewidmet. 1907
Gaspard de la Nuit. (Von ALOYSIUS BERTRAND.) 1908
  Ondine. Harold Bauer gewidmet
  Le Gibet. Jean Marnold gewidmet
  Scarbo. Rudolf Ganz gewidmet
Ma Mère l'Oye. (Nach PERRAULT.) Mimi und Jean Godebski gewidmet. 1908
  Pavane pour la Belle au Bois dormant
  Le petit Poucet

Laideronnette, Impératrice des Pagodes
La Belle et la Bête
Le Jardin féerique
Menuet sur le Nom de Haydn. 1909
Tripatos. Griechischer Tanz. 1909
Chants populaires. Klavier und Gesang. 1910
Chansons espagnole, française, italienne, hébraïque
Chansons écossaise, flamande, russe
Valses nobles et sentimentales. L. Aubert gewidmet. 1911
Daphnis et Chloé. Choreographische Symphonie. (Nach LONGUS.) Serge Diaghilew gewidmet. 1909–1912
Adélaïde ou le Langage des Fleurs. Ballett (nach den Valses nobles et sentimentales). 1912
Trois Poèmes de Stéphane Mallarmé. Orchester und Gesang. 1913
Soupir. Igor Strawinsky gewidmet
Placet futile. Fl. Schmitt gewidmet
Surgi de la Croupe et du Bond. Erik Satie gewidmet
Prélude. Jane Leleu gewidmet. 1913
A la Manière de ... 1913
... de Borodin
... de Chabrier
Deux Mélodies hébraïques. Klaiver und Gesang. Madame Alvina Alvi gewidmet. 1914
Kaddisch
L'Énigme éternelle
Trio in A-dur. 1914
Trois Chansons. (Von MAURICE RAVEL.) Tristan Klingsor gewidmet. 1915
Nicolette
Trois beaux Oiseaux du Paradis
Ronde
Le Tombeau de Couperin. Suite. 1917
Prélude
Fugue
Forlane. Jacques Charlot gewidmet
Rigaudon
Menuet
Toccata. Joseph de Marliave gewidmet
La Valse. Choreographische Dichtung. 1919–1920
Sonate in vier Teilen. 1920–1922
Berceuse sur le Nom de Fauré. Claude Roland-Manuel gewidmet. 1922
Ronsard à son Âme (Von RONSARD.) Klavier und Gesang. 1924
Tzigane. Konzert-Rhapsodie. 1924
L'Enfant et les Sortilèges. Lyrische Phantasie. (Text von COLETTE.) 1920 bis 1925
Chansons madécasses. (Von ÉVARISTE PARNY.) Madame Elizabeth Coolidge gewidmet. 1925–1926
Nahandove
Aoua!
Il est doux ...
Rêves. (Von LÉON-PAUL FARGUE.) Klavier und Gesang. 1927

L'Éventail de Jeanne. 1927
Sonate für Klavier und Violine. H. Jourdan-Morhange gewidmet. 1923 bis 1927
Boléro. Ballett. 1928
Konzert in G-dur in drei Teilen. 1931
Konzert für die linke Hand. 1931
Don Quichotte à Dulcinée. (Von PAUL MORAND.) Gesang und Orchester (oder Klavier). 1932
Chanson romantique. Robert Casinou gewidmet
Chanson épique. Martial Singher gewidmet
Chanson à boire. Roger Bourdin gewidmet

b) Bearbeitungen und Orchestrationen

DEBUSSY, CLAUDE: Les Nocturnes. 1909
DEBUSSY, CLAUDE: Prélude à l'Après-midi d'un Faune. 1913
SATIE, ERIK: Prélude du Fils des Étoiles. 1913
MUSSORGSKI, MODEST PETROWITSCH: La Kovantchina. 1913
SCHUMANN, ROBERT: Carnaval. 1914
CHABRIER, EMMANUEL: Menuet pompeux. 1918
MUSSORGSKI, MODEST PETROWITSCH: Bilder einer Ausstellung. 1922
DEBUSSY, CLAUDE: Danse. 1923
CHOPIN, FRÉDÉRIC: Nocturne, Étude und Walzer. 1923
DEBUSSY, CLAUDE: Sarabande. 1920

3. Lebenszeugnisse

DURAND, JACQUES: Quelques souvenirs d'un éditeur de musique. 2 vols. Paris 1924–1925
Maurice Ravel par quelques-uns de ses familiers. Paris 1939
Aufsätze und Würdigungen von Émile Vuillermoz, Maurice Delage, Colette, Tristan Klingsor, Roland-Manuel, Léon-Paul Fargue, Hélène Jourdan-Morhange, Jacques de Zogheb, Dominique Sordet
JOURDAN-MORHANGE, HÉLÈNE: Ravel et nous. L'homme, l'ami, le musicien. Genève 1945
Ravel au miroir de ses lettres. Correspondance réunie par RENÉ CHALUPT et MARCELLE GÉRAR. Paris 1956
LESURE, FRANÇOIS: L'affaire Debussy-Ravel – lettres inédites. In: Festschrift Friedrich Blume. Kassel 1963. S. 231–234
ORENSTEIN, ARBIE: L'enfant et les sortilèges: Correspondance inédite de Ravel et Colette. In: Revue de musicologie 52 (1966), S. 215–220
ORENSTEIN, ARBIE: Some unpublished music and letters by Maurice Ravel. In: Music Forum 3 (1973), S. 291–334
LESURE, FRANÇOIS: Maurice Ravel: éxposition: Bibliothèque Nationale 1975. Paris 1975

4. Gesamtdarstellungen

ROLAND-MANUEL: Maurice Ravel et son œuvre. Paris 1914

CHAPLUT, RENÉ: Maurice Ravel. In: Les écrits nouveaux, Dez. 1918, S. 312–319

ROLAND-MANUEL: Maurice Ravel et son œuvre dramatique. Paris 1928 – 2. éd. 1948

LANDOWSKA, WANDA-LOUISE: Maurice Ravel, sa vie, son œuvre. Paris 1938 (Collection musicale. 4) – 2. éd. 1950

ROLAND-MANUEL: A la gloire de Ravel. Paris 1938 – 2. éd. 1948 – Deutsch. Potsdam 1951

JANKÉLÉVITCH, VLADIMIR: Maurice Ravel. Paris 1939 (Collection de la musique ancienne et moderne. 18) – Nouv. éd. 1975

GOSS, MADELAINE BINKLEY: Boléro. (The life of Maurice Ravel.) New York 1940

AUBIN, TONY: Maurice Ravel. Paris 1945

DEMUTH, NORMAN: Ravel. London 1947 – New York 1962

MACHABEY, ARMAND: Maurice Ravel. Paris 1947 (Collection triptyque musique. 1)

ONNEN, FRANK: Maurice Ravel. Stockholm 1947

FARGUE, LÉON-PAUL: Maurice Ravel. Paris 1949 (Collection Au voilier. 4)

LA PEGNA, LUIGI: Ravel. Brescia 1950

TAPPOLET, WILLY: Maurice Ravel. Leben und Werk. Olten 1950 (Musikerreihe in auserlesenen Einzeldarstellungen. 8)

PERLEMUTTER, VLADO, ET HÉLÈNE JOURDAN-MORHANGE: Ravel d'après Ravel. Avec un catalogue et une discographie des œuvres pour piano. Lausanne 1953 (Collection Les documents célèbres. 3) – 5. Aufl. 1970

SEROFF, VICTOR J.: Maurice Ravel. New York 1953

ACKÈRE, JULES VAN: Maurice Ravel. Avant-propos par Roland-Manuel. Bruxelles 1957.

FRAGNY, ROBERT DE: Maurice Ravel. Lyon 1960

MYERS, ROLLO H.: Ravel. London 1960

ADORNO, THEODOR W.: Ravel. In: ADORNO, Moments musicaux 1964. S. 67–73

LÉON, GEORGES: Maurice Ravel. Paris 1964 (Musiciens de tous les temps. 11.)

STUCKENSCHMIDT, HANS HEINZ: Maurice Ravel. Frankfurt a. M. 1966

PETIT, PIÈRRE: Ravel. Paris 1970

PALMER, CHRISTOPHER: Ravel. Borough Green 1974

NARBAITZ, PIERRE: Maurice Ravel: un or. Côte Basque 1975

DAVID, JOSÉ: Maurice Ravel: ètude biographique. Paris 1976

FAURE, HENRIETTE: Mon maître Ravel: son œuvre, son enseignement, souvenir et légendes. Paris 1978

ORENSTEIN, ARBIE: Maurice Ravel. Leben und Werk. Stuttgart 1978

5. Würdigungen

La Revue Musicale, 1. April 1925: Maurice Ravel gewidmet

[Beiträge von André Suarès, Tristan Klingsor, Roland-Manuel, Émile Vuillermoz, Alfredo Casella, Henri Gil-Marchex, Arthur Hoérée, René Chalupt, André Cœuroy]

La Revue Musicale, Dezember 1938: Hommage à Maurice Ravel

[87 Widmungen an Ravel]
Les Publications techniques et artistiques: Maurice Ravel. Paris 1945 [Beiträge von Marguerite Long, Hélène Jourdan-Morhange, Tony Aubin, Arthur Hoérée, Georges Pioch]
WITTELSBACH, RUDOLF: Maurice Ravel. Zum 25. Todestag. In: Schweizerische Musikzeitung 103 (1963), S. 13–17

6. Untersuchungen

SHERA, FRANK HENRY: Debussy and Ravel. London 1925
AKERET, KURT: Studien zum Klavierwerk von Maurice Ravel. Zürich 1941
BOULEZ, PIERRE: «Trajectoires»: Ravel, Stravinsky, Schoenberg. In: Contrepoints 6 (1949), S. 122–142
BRUYR, JOSÉ: Maurice Ravel ou le lyrisme et les sortilèges. Paris 1950 (Amour de la musique)
MERTZ, P.: Ravel und Stravinsky. In: Das neue Forum 10 (1960/61), S. 7–12
SANNEMÜLLER, GERD: Das Klavierwerk von Maurice Ravel. [Dissertation] Kiel 1961
SANNEMÜLLER, GERD: Ravels Stellung in der französischen Musik. In: Hans Albrecht in Memoriam. Kassel 1962. S. 251–256
DEANE, BASIL: Renard, Ravel and the «Histoires naturelles». In: Australian journal of French studies 1 (1964), S. 177–187
GUICHARD, LÉON: Jules Renard et Ravel. In: Résonances 126 (1964), S. 8–10
PILARSKI, BOHDAN: Une Conférence de Maurice Ravel à Houston 1928. In: Revue de musicologie 50 (1964), S. 208–221
BRAUN, JÜRGEN: Die Thematik in den Kammermusikwerken von Maurice Ravel. Regensburg 1966 (Kölner Beiträge zur Musikforschung. 33)
BERTHELOT, RENÉ: Affinités de Ravel et de Valéry. In: L'éducation musicale 23 (1967/68), S. 97–99
LICHTENTHÄLER, FRIEDERIKE: Bertrand et Ravel. Eine Studie zum Gaspard de la nuit. In: Österreichische Musikzeitschrift 22 (1967), S. 325–334
MARTIN, JÖRG CHRISTIAN: Die Instrumentation von Maurice Ravel. [Dissertation] Mainz 1967
ORENSTEIN, ARBIE: Maurice Ravel's creative process. In: Musical quarterly 53 (1967), S. 467–481
DAVIES, LAURENCE: Ravel's orchestral music. London 1970
NOSKE, FRITS: French song from Berlioz to Duparc. 2. ed. New York 1970
LONG, MARGUERITE: Au piano avec Maurice Ravel. Paris 1971
WEISS-AIGNER, GÜNTER: Eine Sonderform der Skalenbildung in der Musik Ravels. In: Die Musikforschung 25 (1972), S. 323–326

7. Darstellungen in Musikgeschichten

MARNOLD, JEAN: Musique d'autrefois et d'aujourd'hui. Paris 1912
AUBRY, G. JEAN: La musique française d'aujourd'hui. Préface de Gabriel Fauré. Paris 1916
TIERSOT, JULIEN: Un demi-siècle de musique française. Entre les deux guerres.

Paris 1917
CHANTAVOINE, JEAN: De Couperin à Debussy. Paris 1920
SÉRÉ, OCTAVE: Musiciens français d'aujourd'hui. Paris 1921
CŒUROY, ANDRÉ: La musique française moderne. 9. éd. Paris 1928
CŒUROY, ANDRÉ: Panorama de la musique contemporaine. Paris 1928
Cinquante ans de musique française, Vol. 2 Paris 1929
AGUETTANT, LOUIS: La musique de piano. Des origines à Ravel. Paris 1929
GABEAUD, ALICE: Histoire de la musique. Paris 1930
DUMESNIL RENÉ: La musique contemporaine en France. 2 vols. Paris 1930 – 2. éd. 1949
CORTOT, ALFRED: La musique française de piano. 2 vols. Paris 1932. 4. éd. 1955 – Deutsch u. d. T.: Französische Klaviermusik. 3 Bde. Wiesbaden 1956
CALVOCORESSI, MICHEL D.: Musician gallery. Music and ballet in Paris and London. London 1933
DUMESNIL, RENÉ: Portraits de musiciens français. Paris 1938
BOSCHOT, ADOLPHE: Portraits de musiciens. Vol. 1. Paris 1947
LALO, PIERRE: De Rameau à Ravel. Portraits et souvenirs. Paris 1947
HIEBNER, ARMAND: Französische Musik. Olten – Freiburg i. B. 1952
BOYER, JEAN: Kurzgefaßte Geschichte der französischen Musik. Wiesbaden 1953
LANDORMY, PAUL: Histoire de la musique. Paris 1954
COOPER, MARTIN: French music. From Berlioz to Fauré. London 1961
BERNARD, ROBERT: Histoire de la musique. T. 2. Bourges 1962. S. 804f
Geschichte der Musik. Hg. von ALEC ROBERTSON und DENIS STEVENS. Bd. 3. München 1968. S. 279–83
DUFOURCQ, NORBERT: La musique française. éd. rev. Paris 1970
BROOK, DONALD: Five great French composers. New York 1971
WÖRNER, KARL HEINRICH: Geschichte der Musik. 5. Aufl. Göttingen 1972
New Oxford history of music. Bd. X: Modern age 1890–1960. Ed. MARTIN COOPER. London 1974
VUILLERMOZ, ÉMILE: Histoire de la musique. Nouv. éd. Paris 1977

Namenregister

Die kursiv gesetzten Zahlen bezeichnen die Abbildungen

Quellennachweis der Abbildungen

Bibliotheque de l'Opéra, Paris: 33, 54, 78, 79, 95, 117
Roger Roche: 57, 60, 62, 64, 66, 97, 126, 127
Collection Roland-Manuel: 9, 37, 128, 133, 137
Collection Hélène Jourdan-Morhange: 68, 77, 136
Foto Lipnitzki: 6, 74, 89
Collection Léon Leyritz: 122, 125
Collection Marcelle Gérar: 123, 134
Photo Etiènne, Bayonne: 98/99
Collection George-Jean Aubry: 31
Photo Sextia-Aude: 82
Photo Ariel-Temporal: 38
Harlingue: 132
Historia-Photo: 119
Alle übrigen Fotos wurden aus dem Archiv des Verlages Éditons du Seuil zur Verfügung gestellt.

rowohlts monographien

in Selbstzeugnissen
und Bilddokumenten
Herausgegeben
von Kurt und Beate
Kusenberg

Betrifft: Musik

Johann Sebastian Bach
von Luc-André Marcel (83)

Belá Bartók
von Everett Helm (107)

Ludwig van Beethoven
von Fritz Zobeley (103)

Alban Berg
von Volker Scherliess (225)

Hector Berlioz
von Wolfgang Dömling (254)

Johannes Brahms
von Hans A. Neunzig (197)

Anton Bruckner
von Karl Grebe (190)

Frédéric Chopin
von Camille Bourniquel (25)

Antonin Dvořák
von Kurt Honolka (220)

Georg Friedrich Händel
von Richard Friedenthal (36)

Joseph Haydn
von Pierre Barbaud (49)

Franz Liszt
von Everett Helm (185)

Albert Lortzing
von Hans Christoph Worbs [281]

Gustav Mahler
von Wolfgang Schreiber (181)

Felix Mendelssohn Bartholdy
von Hans Christoph Worbs (215)

Giacomo Meyerbeer
von Heinz Becker [288]

Wolfgang Amadé Mozart
von Aloys Greither (77)

Modest Mussorgsky
von Hans Christoph Worbs (247)

Jacques Offenbach
von P. Walter Jacob (155)

Max Reger
von Helmut Wirth (206)

Arnold Schönberg
von Eberhard Freitag (202)

Franz Schubert
von Marcel Schneider (19)

Robert Schumann
von André Boucourechliev (6)

Bedrich Smetana
von Kurt Honolka (265)

Richard Strauss
von Walter Deppisch (146)

Georg Philipp Telemann
von Karl Grebe (170)

Peter Tschaikowsky
von Everett Helm (243)

Giuseppe Verdi
von Hans Kühner (64)

Richard Wagner
von Hans Mayer (29)

Carl Maria von Weber
von Michael Leinert (268)

Anton Webern
von Hanspeter Krellmann (229)

944/3